精准·求职

找到优质工作的30个关键思维

七芊 著

机械工业出版社
CHINA MACHINE PRESS

30个成功求职的关键思维，全方面覆盖求职过程中的的底层逻辑、核心方法、关键决策、心理准备！本书作者七芊通过从业以来指导过的大量真实求职案例深度剖析了求职、就业、转型的底层逻辑和可操作方法，拆解了市面上的高效求职工具，并分别站在求职者、招聘者，乃至投资人的角度，解析了求职生态，讲述了新职业的产生及由来。本书非常适合各类求职者和企业相关从业人员阅读。

图书在版编目（CIP）数据

精准求职：找到优质工作的30个关键思维 / 七芊著. —北京：机械工业出版社，2023.5
ISBN 978-7-111-73097-2

Ⅰ.①精… Ⅱ.①七… Ⅲ.①职业选择 Ⅳ.①C913.2

中国国家版本馆CIP数据核字（2023）第074124号

机械工业出版社（北京市百万庄大街22号　邮政编码100037）
策划编辑：仇俊霞　　　　　　**责任编辑：仇俊霞**
责任校对：王荣庆　陈　越　　责任印制：单爱军
北京联兴盛业印刷股份有限公司印刷
2023年7月第1版第1次印刷
148mm×210mm・7.75印张・1插页・154千字
标准书号：ISBN 978-7-111-73097-2
定价：68.00元

电话服务　　　　　　　　　　网络服务
客服电话：010-88361066　　　机　工　官　网：www.cmpbook.com
　　　　　010-88379833　　　机　工　官　博：weibo.com/cmp1952
　　　　　010-68326294　　　金　书　网：www.golden-book.com
封底无防伪标均为盗版　　　机工教育服务网：www.cmpedu.com

谨以此书纪念

人生七年坚定不移、不卑不亢的努力

自 序

这是我的人生七年

这是我的人生七年。

2014—2017 年：

职场三年目标：进入行业顶尖的公司，出版第一本书，并在全国签售。

毕业面试百家企业，收到多家名企 Offer，最终找到最满意的工作。这三年先后任职新浪微博、搜狐视频、爱奇艺，担任高级公关经理。2017 年出版第一本书《你怎样过一天，就怎样过一生》，在中国传媒大学等 68 所学校举办签售会。

2018—2019 年：

职场五年目标：做自己的公司，出版第二本书，并在全国签售，赚 500 万元。

2018 年 5 月注册了自己的公司。2019 年在中信出版社出版我的第二本书《选准赛道再奔跑》，进入腾讯、智联招聘等 30 多家顶尖名企举办签售会。同时，公司靠企业服务和职业教育两大核心业务赚了第一桶金，超额完成了"赚500万元"的目标。

2020—2021年：

职场七年目标：1000万粉丝，出版第三本书，并在全国签售，赚5000万元。

2020年联合爱奇艺推出职场微综艺IP《冲吧转型人》，成功登上爱奇艺、微博、脉脉等平台的话题热搜榜；尝试短视频及直播，大力发展求职定位类职业教育产品，帮助读者转型定位。凭借企业服务业务，公司被拉勾招聘、智联招聘评为优秀雇主品牌供应商。这一年，我被职场社交软件脉脉评选为脉脉职场社交达人。

2021年全年直播188场，开展名人直播45场，写完第三本书。公司凭借内容流量、职业教育、企业服务三大业务板块构建新职业教育生态，成功搭建了管理团队。这一年，我参与梅花创投的创业学习，获得梅花创投心力会2021年度优秀人物殊荣。还被福布斯中国评选为2021年度"30 Under 30"上榜精英。

虽然未能完整实现七年目标，却也因此有了更深刻的对于目标和人生的感悟。

这七年，虽然有很多不完美的地方，但我确实尽了最大的努力，把自己变成了一个崭新的人。

我汇总了过往签售会被问及最多的七个问题,带你认识一个普通的我。

第一个问题:为什么叫七芊?

读书的时候,有一件事曾经彻底颠覆过我的价值观。

大学二年级的时候,我在一家知名的媒体公司实习。同事告诉我,有一本稿费很高的人物访谈杂志(《知音》),很多专业记者都想上稿,但非常困难。

我仅凭勇气,一个一个电话打过去,最终联系上了这家杂志的编辑,表达自己想要投稿的意愿。她当时并没有在意,但没想到,我真的很用心地找选题、找人物,还跑去对方家里采访。

这位编辑被我的执着打动,辅助我完成了稿件。大学二年级,我的第一篇人物访谈登在了这本杂志的头版头条,我领了 7000 元的稿费。

这 7000 元钱,是一个普通学生靠执着努力换来的,它告诉我,这世界上没有能不能、配不配、行不行,只有你想不想。

"七千"成为我的幸运数字。

第二个问题:为什么要列七年?

有一部叫《人生七年》的纪录片。片中说道,每七年一个人的身体细胞会全部更新一次,你可以变成一个崭新的自己。自 23 岁大学毕业到 29 岁,毕业的第一个阶段就是人生七年。

所以，我在文章里写：七年为限，世事变迁，立碑为冢，草木繁茂。寓意人生七年，一个人可以抛弃那些不好的东西，成为一个崭新的自己。

我没有选择在这七年里去进修更高的学位，而是用整整七年的时间在社会实战中学习，找到满意的工作，在所在的领域取得更好的成绩，为人生打下坚实的基础。

第三个问题：为什么坚定目标都可以实现？

我在全国签售图书的时候，被问及最多的问题就是：你为什么坚信自己一定能成功？

答案是："我没有坚信一定会成功，只是想知道尝试多少次才能成功。"

我在面试前 10 家公司的时候，非常绝望，担心自己永远也找不到好的工作，但是面试到第 30 家公司的时候，就已经非常清晰自己到底要什么，想要去什么行业、什么类型的公司以及适合什么样的岗位。那时，我突然深刻理解了一件事叫"量变一定引发质变"。

做一件事是否成功并不重要，重要的是有试验者思维，成功就输出成功的经验，失败就输出失败的教训。这样才能毫无心理负担，小步快跑。

第四个问题：为什么能有勇气直面困难？

我二十几岁的决策标准是：走难走的路，做让自己恐惧的事情。

我深刻意识到退路才不好走,所以趁年轻要大胆克服恐惧,最好的方法是做让你恐惧的事情,直到成功战胜为止。

我经历过迷茫无助的痛苦,也经历过创业的艰辛,最终走出那段低谷依靠的是直面现实,不断迭代改正。

与其说这是一种勇气,不如说这是意识到了亘古不变的真理:困难如果不克服就会反复多次出现,一旦克服就会永久性地节约你的时间。

第五个问题:为什么要成为作家?

我小时候很喜欢阅读。通过阅读,我能感受到强大的精神力量,感受到平凡人伟岸的精神世界。阅读赋予了我很多能量,我希望自己也能写出帮助他人的文章。写作不是为了个人品牌,写作的目的就是写作本身,每个人的初衷不一样,写的内容也不一样,我要成为真真正正的作家,10 岁的时候如此,30 岁的时候依然如此。

为了能够成为作家,我在毕业时放弃了小语种的专业优势,毅然决定进入图书行业,接触国内一线作家,学习图书行业的营销技巧。你想要成为什么样的人就去能够遇见他们的地方,当你见到了这些人,了解了行业顶尖的操作方法,才会更进一步加深你对梦想的渴望。人生来便有使命,所有梦想都要实现一次,才算不枉此生。

第六个问题：二十几岁时什么是最重要的？

勤奋。

勤奋的意思就是，如果下定决心做一件事，一定一天不落地努力，我一向认为间断一天，努力就白费了。

比如我要求职，我就一天不落地研究求职工具、面试、简历，不断复盘数据，用了 6 个月的时间找到最满意的工作。

比如我要成为作家，我就一天不落地写文章，哪怕没有流量扶持也坚持每日更新了近两年，第一本书全国签售，感动到媒体的老师、出版社的老师、院校的老师，他们都来帮我。

比如我要拍视频，我就一天不落地拍和发，视频选题不好也发，剪辑审美不行也发，没有人看也发，持续发了差不多一年多的时间，吸引到平台的总负责人都来扶持我。

很多好运气都和勤奋相关。

第七个问题：想对读者说什么？

只展示，不解释，一旦选择，不再选择。

二十几岁本来就是一个很难被人信任的年龄，不管你说什么做什么，都有人来反驳你，这时候，只做一件事——"只展示，不解释，一旦选择，不再选择"。

职场里有一种破窗效应，如果你有一份差履历，那么未来吸引的都是一样差的公司。如果你有一份非常好的工作履历，未来吸引的都是一样优质甚至是更优质的工作机会。展示你做成功的事情，就会源源不断地吸引更优质的机会。下定决心去做一件事，持续去做，持续优化，一定能成功。一旦成功就会取得更大的成功。

用这七个问题，和所有人分享我过去的七年。相信未来，我们会相逢在更高处。

七芊

目　录

自序　这是我的人生七年

第一章
找到优质工作的底层逻辑

目标思维　002
你有很多机会，等同于没有机会

反馈思维　008
不要问自己要什么，要问自己不要什么

争取思维　015
没有企业会拒绝一个有着强烈渴望的人

习惯思维　019
有效求职都是在培养低强度、高频率的习惯

简历思维　025
把自己的信息数据化

反焦虑思维　031
物理疗法永远比心理疗法更有效

目 录

第二章
找到优质工作的心理准备

038　**工具思维**
用对求职工具，效率事半功倍

045　**反拖延思维**
寻求压力最小的开始方式

052　**聚焦思维**
做完一件事，再去做下一件事

060　**独立思维**
改变自己的最终环节就是改变环境

069　**反专业思维**
学什么不一定要做什么

078　**应变思维**
放弃稳定，应对变化的能力才是核心竞争力

第三章
找到高薪工作的核心方法

配得思维   088
失败的源头在于觉得自己不配

反经验思维   094
零经验也可以转型

行业思维   100
从事新行业、新职业才有发展可言

履历思维   107
比学历更重要的是一个人的履历

大厂思维   113
你是什么水平的人就进什么水平的公司

发展思维   119
不在阶段 1 思考阶段 10 的事情

第四章
找到高薪工作的关键决策

130 **高薪思维**
眼界决定一切

134 **经济思维**
先解决经济问题，再解决职业问题

139 **创业思维**
做事的初衷决定做事的结果

144 **决策思维**
选项足够具体，才能做出精准选择

147 **改变思维**
所有改变的第一步一定是比原来更差

第五章
和你分享我的人生七年

人际思维   154
做人一定要聊天

规划思维   159
未经规划的美好不会出现在人生中

财富思维   166
有恒产者有恒心

笃定思维   176
一旦选择,不再选择

客观思维   186
胜者先胜而后求战

行动思维   196
顺其自然,争其必然

无我思维   207
接受自己并不是这个世界的中心

第一章

找到优质工作的底层逻辑

目标思维：
你有很多机会，等同于没有机会

职场上拥有坚定不移的职业目标

可以淘汰掉 90% 的人。

我在前两本书《你怎样过一天，就怎样过一生》《选准赛道再奔跑》全国签售的时候，经常被读者们提问：怎样才能成为和你一样目标笃定、使命必达的人？

不知道从何时开始，目标笃定成了我身上的一个印象标签。

那么，到底什么是目标呢？

我理解的目标的定义是：能够让人排除一切杂念，拒绝一切诱惑，坚定不移认真努力的方向。

目标存在的核心意义是让人拒绝诱惑。

职场上，如果你始终拥有杂念，经常和外人比较，别人说什么行业好，你就被诱惑，别人说什么公司好，你就动心，很难在任何领域取得成功。不说成功，就连最基本的平静都做不到，会反复在自我折磨中浪费时间。

我的读者浮生正是如此，她不知道自己要从事什么工作，什么都去面试，别人说什么都会干扰她的选择，几个月下来，找不到工作，整个人濒临崩溃。

任何逆境中，最重要的破局方式是先确定自己不做什么，"不做"代表拒绝精力的浪费。求职不要问自己要什么，问问自己不要什么，不在什么样的工作机会上浪费时间，你想要的目标就越来越清晰了。

浮生却不敢这么做，她说害怕自己目标明确，只确定了一个方向，岗位机会就会更少，自己入职的可能性就变得更小了。

如果你有很多机会，等同于你没有机会。

求职中最重要的事情就是定位，如果无法在众多选项中逐步圈定小范围可做的事情，就会多次在幻想中消耗精力，最终让自己在内耗里精疲力竭。

如何才能正确地拥有坚定的职业目标，实现精准定位？

坚定不移的目标是尝试出来的，尝试的目的不是什么能行，而是什么不行。

不敢尝试的人，注定无法拥有强有力的目标。

还是举读者浮生的例子，她说自己十分害怕尝试，因为怕尝试了之后发现那份工作并不适合自己，那么尝试就是浪费时间。

尝试的意义就是打破幻想，最好赤裸裸地告诉你这件事不可行，从此之后，这件事永远不会再干扰你。

分享给大家我的亲身经历：

了解我的老读者都知道，我毕业的时候，曾面试过百家企业，最终找到自己满意的工作，进入互联网行业读书领域平台类公司新浪微博从事市场运营工作，这份工作为我后来实现梦想、成为作家，奠定了坚实的基础。

我最初和很多求职者一样，完全不知道应该如何求职。

打破僵局的方法是不断地尝试，尝试不代表要一家一家公司去换，去亲身体验。可以通过搜集行业信息、面试、向资历深厚的前辈请教等多元化的方式，了解事情的真相，逐步打破很多虚假的幻想，知道什么不行。

比如，当时互联网读书领域有个薪资很高的岗位，叫版权运营，普通员工的薪资年收入都在 50 万元以上，我当时咨询了至少 50 位相关领域的猎头，亲自调研了这类岗位的发展前景和工作内容状况，其中最打动我的就是一位 HR 高管说："这个岗位未来发展很窄，行业限制很重，不如你现在的市场公关类岗位，未来就业更加灵活，发展空间更大。"

就此，我打破了对这个岗位的幻想。节约了大量的时间，因此才能高度专注地完成自己的三年目标：进入行业最顶尖的公司，出版第一本书，并在全国签售。

所以，尝试的目的就是为了了解真实的信息，知道什么不可行，才能做到真正地笃定。

可量化的才是目标，
面试一百家公司远比空想入职靠谱。

读者浮生在求职的时候，经常会给自己设置要在几个月内找到工作的目标，结果屡次无法实现，深受打击，对求职产生了畏难情绪。

当你找工作的时候，不要给自己制定类似于要在几个月期限内一定入职的目标，因为何时入职你说了不算。同理，也不要给自己设定多长期限内一定会升职这类目标。这些都是毫无根据的目标，达成了是侥幸，让你更加猖狂、不自重；达不成又会打击自信，让你深陷谷底。

对于普通人而言，先有大方向，比如这个阶段最重要的就是找到满意的工作。大方向确定后，最重要的是量化指标，比如面试50家公司。

接下来，对一个阶段的行动量化产生的结果进行总结和迭代。

比如每天投入3小时，坚持1个月，共计投出50份简历，接到了5家公司面试。根据自己在乎的标准进行总结和迭代：比如觉得自己收到的面试太少了，投出50家公司，5家回复，转化率大概在十分之一。那可否在投递简历的数目上增加，增加到100份，是否有可能提升到10家回复？如果招聘网站上没有这么多家公司，是否可以换其他的渠道？有限的公司数目中，可否微调简历细节，提升命中率?

总之,要根据第一阶段量化的指标进行总结迭代,不断优化更好的解决方案,直到达成目标。

浮生用了这个方法,求职效率大幅度提升,从原来的 0 反馈,到直接拿到了 8 家公司的面试邀请。

我很喜欢一句话:成功等同于在机会到来前迭代了多少次实现目标的方法,迭代得越多,就越是无限接近于成功。

可落地执行的才是目标,
先拥有实现目标的环境。

读者浮生求职过程中非常焦虑、浮躁,我发现,她不具备实现目标的环境。没有实现环境、无法落地执行的目标没有任何意义。

环境中变量太多。比如,求职要考虑薪资,又要为选错会付出代价而恐惧,还要为没有反馈而痛苦,要思考周围的舆论。这样的话,完全没有安静下来做一件事的环境。

实现目标需要控制变量,把变量控制到你只能安心做一件事,才能最大效能地完成阶段性的目标。

首先,确保自己目前有 3~4 个月花销不用愁的积蓄,不至于反复陷入经济问题,如果有经济问题,就先解决经济问题,赚够这笔钱再解决职业问题。

其次，确保求职期间自己工作上没有太大的变动，比如说突然负责了一个大项目，根本腾不出时间来做这件事。这里也提醒大家，尽量不要裸辞。很多人觉得工作很烦，想要裸辞求职，实际上你只看到了工作的压力，而没有看到裸辞之后无所事事、求职无反馈、不知道何时才能入职的压力。所以，维持稳定的工作，给自己一个相对安稳的求职环境至关重要。

最后，确保自己的舆论环境，适当保密，不要让更多无关的人给自己施加心理压力。

浮生当时在已经裸辞的状态下，因为有经济的压力才陷入焦躁之中，后来她通过采访周围优秀的人赚钱的方式，找到了适合自己的兼职方式——做平面设计师。通过这种方式赚到了一些钱，缓解了焦虑，才真正沉下心来认真求职。最终，她拿到了目标公司交互设计师的 Offer。

控制环境中的变量，才能心静，才能把重点留给求职这一件事，真正意义上认真专一地做好这件事。

我分享浮生的故事是希望告诉大家，设置坚定不移的职业目标，是帮助你抗击外界干扰的核心，当你有了它，就在这个混乱的世界中掌握了强大的铠甲，你会大胆迎接挑战，无所畏惧。

反馈思维：
不要问自己要什么，要问自己不要什么

了解企业真实的反馈可以淘汰掉8%的人。

98%的人不敢了解目标公司真正的需求，因为他们会默认为自己不配，不符合标准。因恐惧而不敢去了解真相，才是人们失去宝贵机会的核心。

不要以为只有那些学历低、履历差的人才会有这样的问题，实际上，很多学历顶尖、履历顶尖的人一样会遇到。

我的学员小君，上国内顶尖高校、去美国留学，毕业后在德勤工作了10年，做税务类工作。回国后进入华为，依旧从事税务的工作，做到公司总监。

但她十分不满，10年的税务工作让她对这类岗位产生了厌倦，她希望自己可以转型做风控管理类岗位。但是面试了很多企业，都以没有相关经验拒绝了她，这让她十分受挫，她觉得自己走了一步死棋："没有企业愿意接纳我——我就不会有风控管理类的岗位经验——我就无法符合'相关经验'的条件从而进入顶尖企业。"

为此，她有点自暴自弃。

如果你想做一件事，必须要了解这件事最真实、最核心的信息，也就是给你机会的企业真正在乎什么，以"岗位要求标准高""公司好品牌佳""被拒绝过""没有工作经验"等为理由，不敢去了解，这是大部分人失败的核心原因。

如何才能获得企业的真实反馈？你需要了解如下 3 件事：

招聘市场分为一级招聘市场和二级招聘市场，选择适合自己的招聘市场求职。

一级招聘市场是指由投资人、创始人、公司的高管团队所构建的人才筛选市场。

二级招聘市场是指由 HR、猎头、公司的中层管理者、公司的基层员工构建的人才筛选市场。

在一级招聘市场，高级决策层更看重的是人才的价值观和与组织的匹配度。

我在参与梅花创投的心力会学习时，导师汪凝问各位创始人：一个低意愿但是能力很强的人，和一个高意愿但是能力一般的人，各位会选择哪一种员工入职？

现场大部分创始人都选择了高意愿但是能力一般的人。

汪老师给出了一个答案：意愿很重要。如果一个能力卓群的人意愿很低，那么这个人很难为组织做很大的贡献，但是一个人有极其强烈的意愿，则会带来强大的动能，后续可以在岗位上培养核心的能力。

随后她又问了一个问题:一个口碑不佳、人品存疑但是能力卓群的人,和一个能力一般但是口碑良好的人,在不完美情况下,各位会选择哪一种员工入职做核心管理岗位?

现场大部分创始人都选择了前者。汪老师给出的最终答案是:选择前者是对的,在核心出业绩的管理岗位上,需要真正有能力的人。

CEO、投资人、高管核心决策层在选拔人才的时候,关注更多的并不是这个人的履历、学历等,而是这个人的性格是否和组织相匹配,价值观是否和自己一致,是否有强烈的个人意愿等。所以说,不拘一格降人才只有高级决策层可以做到。

二级招聘市场就是一个按照条件(学历、履历、垂直领域的工作经验)筛选人的市场。二级招聘市场非常残酷,他们把人当成数据,所以他们制定了更多标准,产生了就业的偏见和规则,甚至认为标准越严苛,筛选的人才就越精准。

二级招聘市场的底层逻辑就是"你过去做什么,你就吸引什么样的岗位机会",职场中的破窗效应就此产生,如果你有一家好公司的履历,那么你吸引的都是和之前一样好的公司。如果你有一家不怎么样的公司的履历,吸引的也都是一样不怎么样的公司。基于二级招聘市场这样的算法机制,二级招聘市场对于转型人才特别不友好。

小君的履历决定了在二级招聘市场中,她只能吸引和过去一样的税务工作，所以她准备从一级招聘市场找找突破口，参与了很多创业学习的活动，认识了不少创始人，通过和他们的交流，来尝试突破转型。

如何了解真实的反馈？提升交流数量，总结贵人画像。

每次和他人交流的时候多问一句，关于自己现在的问题，对方是否有一些好的建议。让否定你的人给你最直接的建议，往往是最精准的。

小君也曾经历过这样的难题，最初对方非常坚决地否定她，让她很不愉快，进而陷入深深的自我怀疑中。但是后来她按照我说的方法，在每次遭受否定的时候，问对方一句：针对我这个情况，您有什么好的建议吗？

如果对方说没有，那么这个人以偏概全、思维偏激，他的否定也不用在乎。如果这个人说有，并且给出了建议，那么这种时候，建议往往是最精准的。

值得注意的是，想要得到真实的反馈，不能只听一个人讲，而是要扩大数据样本，通常获取普通信息需搜集 20~30 个样本，获取精准核心信息需搜集 50~100 个样本，才会有比较准确的核心判断。

利用穷举法，不断迭代人物属性画像，找更精准的人作为信息源。比如你觉得某个人说你的问题说得很精准，那么你可以辨别下这个人所在的行业、公司类型、岗位、身份地位、学历水平等，多找一些和他一样属性的人，搜集对方对自己的建议。

小君，在同 20 个岗位工作人员、老板、HR、猎头等聊完之后，发现和自己一样有留学欧美经历、年龄在 35 岁以上、深耕在金融行业、尤其是做老板的人往往是自己的贵人，他们更容易给到自己精准的建议，而且态度更能让自己接受。

如何从负面反馈的打击中走出来？
找出所在的阶段，不做跨越阶段的发展。

小君曾说过一个难处，当自己听到了负面的反馈之后，她会自我否定，觉得自己是最差的人。那么如何调节这类心理落差呢？

一个关键的方法：反馈的意义是做符合自己阶段的努力，不跨越阶段发展。

很多真实的反馈往往是负面反馈，负面反馈确实非常打击人。正常的心理循环应该是：负面反馈—自我怀疑—情绪低迷。

但是从获得核心信息的视角看，应该是：负面反馈—自我怀疑—情绪低迷—找到负面反馈中自己不足之处的提升方向—围绕提升方向精准快速提升。

没有后面两步，人自然就会低迷、悲观。有了后面两步，人在提升中获得了明显的进步，那成就感和信心就会更上一层楼。

以小君的案例为例，突破自己寻求真实反馈的过程是：

首先，大胆面试目标岗位，面试中收到负面反馈，直接向面试官请教解决方案。

其次，大胆向目标岗位的相关人员请教，比如猎头、HR、岗位工作者、公司高管合伙人等等，直接向他们寻求解决方案。

最后，针对反馈回来的信息，小君意识到自己目前处于风险管理这个岗位的萌新阶段，她调整自己的职业目标，眼下并不能在风险管理这个岗位上直接过渡到管理层，而应先追求转型的成功。

因此她不再像过去一样，追求管理岗位、大企业、高薪资，而是追求一个高速发展有口碑的好企业，哪怕是中小企业都可以，所从事的岗位可以是基础的风险管理岗位。就此，她认清了自己的阶段，没有做跨越阶段的发展，开始快速准备学习。

她的时间规划是，每天投入 1 小时在求职上；额外地，每天投入 1 小时在行业学习上。这样坚持了至少 90 天的时间。

小君向我讲她后来成功转型的故事。她在和一位猎头聊天的时候，无意中说到了自己对于风险管理这个岗位、这个行业的见解，表达了自己想要从事该岗位的想法，对方觉得她非常专业，且背景良好，还去看了在过去 90 天内她在网站上写的关于风险管理相关的专业文章，于是提议说希望把她引荐给 CEO。

小君从二级招聘市场无意中切入了一级招聘市场，和创始人聊天的过程中，成功打动了对方。虽然没有足够的从业经验，但是对方愿意相信她的学习能力，最终，她成功进入某公司的中国分公司，担任了理想的岗位，实现了精准转型。这不是运气，这是之前 90 天持续积累、量变引发质变的必然结果。

  对于求职者而言，不管你学历好与不好、是否有工作经验、年龄大小，你都有权利去了解企业的真实诉求。通过真实的反馈，哪怕是负面反馈，清晰地意识到自己所在的求职阶段，调整精准的努力动作，持续坚持，等待量变引发质变的那天。

  如果不敢大胆了解你的目标所需，那么一切的梦想都只是幻想而已。

争取思维：
没有企业会拒绝一个有着强烈渴望的人

为自己争取的那一下，

帮你成为最后 1% 的人。

当别人拒绝你的时候，你的第一反应是什么？

选择接受拒绝，你将彻底丧失机会。

选择不服，会爆发矛盾，你也将彻底丧失机会。

选择礼貌的、恰到好处的争取，会帮你成为最后 1% 的人，找到最适合自己的工作。

打工永远是实现财务自由最简单、直接的方式，但不是所有工作都能让你实现财务自由。好的机会就那么多，你需要为自己争取从事高阶职业、靠工作实现自我成就感和财务自由。

对于普通人而言，出身一般、学历一般是注定的，能够改变的就是能否拥有超强的社会实战能力，拥有良好的履历和社会成绩。

在这个世界上，机会是不平等的，甚至有些机会只能发生在某些地方，有些机会失去一次要再等几年。每个人的基础条件、原生家庭都不一样，这无形中决定了人们得到机会的概率是不相同的。

如果你想要能够脱颖而出,你必须要学会如何礼貌地为自己争取,我总结了 3 点:

表达自己强烈的意愿:
少有企业会拒绝有着强烈意愿的人。

讲一个我的读者小旺的故事,他现在是知名财经媒体的主编。

他最初毕业的时候,在一家体育用品公司做微信公众号的编辑,换工作的时候,他决定去一家知名的新媒体公司应聘。

面对 CEO 的考核,他因为没有相关教育行业的经验,被拒绝了。

回去之后他翻来想去,给面试官发了一封很长的信件,表达自己想要加入的决心,这件事换来了一个作业考核的机会。

对方给他出了一篇命题作文,围绕公司的课程产品,写一个推荐长文。他为此兴奋不已,没日没夜地想标题,想文章的内容结构,反复修改,一周之后写出了一篇 3000 字的文章交给对方。迎来了自己的第二次面试机会。

没有企业会拒绝一个有强烈意愿想要加入的人。

任何时候,只要你比别人主动,比别人更有欲望,那么这份能量都会感染对方。

数据数据数据：
用数据和事实说话。

然而这次面试，小旺还是没有通过。面试官指出了他文章问题的不足，提出了一个明确的要求，能写出阅读量 10w+ 的文章才是真正的新媒体人。他的这篇推荐文章很明显不具备传播特质。

小旺意识到，光有意愿是不够的，真正打动别人的永远是实力，数据数据数据，数据是能说话的东西。

他回去之后认真研究新媒体文章的撰写方法，不断打磨标题、内容、结构，历时两个月的实践，写出了两篇 100w+ 阅读量的文章，被很多媒体转载。

"我再次打开与面试官的微信对话框时，很害怕对方讨厌我，觉得我是个难缠的人，但我太想加入这家公司了，我觉得自己做到了，我写出了他们想要的文章。虽然可能会被以各种理由拒绝，但我还是克服了面子问题，战战兢兢地给对方发消息。没想到对方又给了我一次面试的机会。"就这样，小旺迎来了他的第 3 次面试。

再来一次：
永远为自己再争取一次。

这一次面试中，他被面试官录用了。录用的理由是：拥有百折不挠的精神。

面试官对他大加赞许，小旺用了 8 个月的时间，反复 3 次面试，针对反馈不断提升自我能力，最终打动了面试官，成功加入了最喜欢的公司。

"我就是普通院校毕业，毕业后的公司也不怎么样，比不了那些人有好学校、好履历，但我有一技之长，我能坚持，我觉得这是我当时成功的秘诀。"就这样，小旺在公司一干就是 3 年，从小编辑干到公众号主编。

他的故事非常励志，人在机会面前，被拒绝、被藐视乃至被侮辱都是非常正常的。要紧的不是自我打击，而是再来一次的争取，一次不行两次，两次不行三次。为自己争取的那一下，完成考核过程中的那些认真仔细的过程，收获到目标企业的反馈——不管是正面反馈还是负面反馈都在昭告你人生更好的成长方向——这些就是你比别人多出来的机会，这些就是你逐步成为更好的自己的台阶。

人生没有能不能、配不配、行不行，只有你想还是不想。人们到最后比拼的永远是客观现实，为自己争取的那一下便是对目标的尊重，对自己的负责。

习惯思维：
有效求职都是在培养低强度、高频率的习惯

> 时间几乎是我们最大的财富，我们可以拥有很多东西却无法拥有更多的时间。

很多人在求职的过程中都忽视了时间管理的重要性。他们把求职理解为做简历并上传到网站，上传的简历却没有注重细节，上传的时间也非常随机，投递简历也非常懒散，反馈不佳之后，逃避求职。问题得不到解决，进一步焦虑，最后陷入心理和生理的双向负面循环。

这些都是由求职时间管理不佳引发的情绪崩盘，没有正确的求职习惯，把时间浪费光了，打击自信心，所以，无法再有足够的动力支持求职。

我的学员小熊，就是如此。她是知名互联网大厂的员工，裁员潮中离职，空窗期一年。最初给自己的理由是：先玩一段时间，结果一下三四个月就过去了。等到想要求职的时候，懒散求职，想起来就投一投简历，反馈也不佳，后来她发现即便是认真求职也找不到工作了。市场上很多HR还会以空窗期太长而拒绝她，她整

个人陷入了严重的焦虑。

如何才能做好求职的时间管理，避免无效求职带来的心力消耗？

> **了解求职周期，才不会盲目乐观：**
> **理想情况下从面试到入职需要 1~3 个月，大部分人都需要 6~8 个月，求职习惯不佳、情绪容易崩溃的人多数都需要 8 个月以上。**

大部分人都高估了自己的求职入职时间，乐观地以为自己几个星期就可以入职，一旦没有在预期的时间找到工作，就会进入自我打击模式。

小熊以为自己可以在一个月内快速地找到工作，发现一个月还没找到工作的时候，立刻焦虑慌张了。这都是因为对于求职周期不了解。

我在《选准赛道再奔跑》这本书的签售会上，邀请了 FT 中文网的总裁张延老师，她讲到：为了避免企业的人才流失，很多好公司都会多几轮面试，多一些考验，这样人才会觉得进入公司很难，会更加珍惜得之不易的机会。

市面上一些好公司都会使用"严进宽出"的政策，越是优质岗位越是如此。如果一个岗位很短时间就可以让你入职，那么你要警惕和小心，除去入职渠道关系硬或者你在业界非常有知名度这两层意外因素，快速入职的岗位一般都是大坑。

比如大型企业为了业绩急需销售人员，不管不顾招聘一波销售岗位，导致出现组织混乱、人员素质低下、组织目标不稳定的问题，最终被牺牲的仍然是盲目加入的求职者。

掌握了合理的求职周期会让求职者有良好的心理准备，早于周期入职是惊喜，在周期内也不会慌张，晚于周期入职也会做合理准备。这样可以最大程度地降低情绪的压力。

低强度、高频率的努力：
每天投入时间在 1-2 小时为最佳。

很多人的误区都是觉得自己每天投入时间越长，求职效果越好。

实际上完全不是这样，求职工具多数都是算法机制，算法默认每天登录、持续一段时间的人是求职的核心用户，而非那些一次登录很长时间却无法持续的用户。算法会为前者倾斜更多的曝光机会、优质企业的推荐机会，求职反馈效率会更高。

所以，一个人每天投入 8 小时，坚持不了 3 天，一定没有那些每天投入 1 小时，坚持 30 天的人求职结果更好。

每天投入求职在 4 小时以上，这个强度过大，会造成疲惫。高强度找工作的下场就是：找一天，休息一个星期，闹心一个星期，躺平一个星期，到最后发现有效求职的时间就只有第一次的那几个小时。

求职成功都是在做低强度、高频率的行动，因此找到好的工作，不需要把一天大部分时间都投入在其中，而是找最高效的时间，用最高效的方法，做最关键的事情。

我的公司选择力新职业教育这些年累计服务了数十万位职场用户，我们发现平均每天投入1~2小时是大部分人可以接受的强度，不会感到强度很大造成心理压力，也能在求职过程中学习，享受求职的乐趣。

拉勾2019年的行业白皮书中显示，根据观察，周一上午是企业查看简历、回复简历数据效果最好的时候。在白天的9:00—11:00投递简历，晚上的8:00—11:00投递简历，都是较为活跃、反馈度较高的时间区间。如果能够在这个区间内持续求职，求职的反馈效率会更高。

"固定的时间做固定的事，对我来讲真的意义重大。我过去非常焦虑，大部分时候都在精神内耗，但是这样有效的求职习惯，每天就固定时间1小时，不会让我觉得累，做一会儿就完成了，坚持下来，反而比之前焦虑的时候效果更好。"小熊用了这个方法，每天早晨9:00—10:00，用这段固定的时间，固定做求职的事情——浏览招聘网站，发简历，主动联络面试官，优化简历。坚持了30天之后，求职反馈率从最初30天只能拿到1个面试，变成了一个月拿到12家公司面试机会。

记录投入产出比：
通常投面比为 10%、面职比为 30%。

不记录投入产出比，本质上无法达到精准求职。

求职领域的投入产出比常见的有：

投面比：指得到面试的次数与投出去简历的数量的比值。

面职比：指拿到入职邀请的个数与得到面试的次数的比值。

通常投面比大概是 10%。比如投 100 家公司，10 家有反馈，邀约面试。高于这个水平说明你的能力素质、简历细节、求职渠道都非常优秀；低于这个水平，说明你的简历细节和个人能力素质仍然需要完善提高。这时候你需要关注几个细节：简历、投递渠道、个人专业能力展现，不断完善这些细节从而提高投面比。

小熊最初的投面比为 2%，即投 50 家公司，1 家有反馈，她觉得非常受挫。这时候她开始优化自己的简历，在反复测试中，她发现优化自己的简历关键词很容易增加反馈。比如说自己的简历关键词写上：大厂名 + 岗位名 + 姓名，这样会比之前只是一个自己名字的反馈效率高很多。

能提升投面比的就是简历和求职渠道的细节，相关内容在后面的章节会详细讲解。不断调节细节，你得到反馈的概率就会越来越高。

通常面职比大概是 30%。比如得到 100 家公司的面试，30 家公司会邀请你来工作。高于这个水平，说明你的能力素质、面试能力没有问题。低于这个水平，则需要在这两方面重点调节。

小熊在面试过程中，面试 10 家公司，只有 1 家愿意给她 Offer，面职比在 10%。通过不断的面试复盘，她发现自己每一次说完自己的工资预期，对方就基本没有下文了。再下一次面试的时候，她就规避自己的薪酬预期，直接把选择的权利给到企业。这样几次之后，小熊终于拿到了一家不错的独角兽公司的岗位。

任何好的工作都需要我们端正态度，认真打磨细节，不断贴近标准，然后去争取。求职是一个比减肥更需要比拼自律的过程，在这个过程中，只有高效的时间管理才能让你最小程度地受到情绪的干扰，实现最大化的好结果。

简历思维：
把自己的信息数据化

> 成功人士和普通人的区别在于前者获取陌生人信任的时间更短，简历最核心的作用就是让不认识你的人第一时间信任你。

简历的作用在求职中不言而喻，简历的质量直接决定了吸引职业机会的质量。

我的学员小许，大连理工大学毕业，毕业后先后3份工作都是在教育行业知名公司，先后做了运营、课程教研、销售的工作。但是在2022年裁员潮来临后，他发现自己的简历在市场能吸引到的工作机会质量都很低，很有挫败感，不知道应该如何调整。

怎么才能打造一份好的简历呢？

简历的作用：
让不认识你的人第一时间信任你。

我在过往8年和求职转型人打交道的过程中，发现很多人都很优秀，但是从简历上看却看不出是一个优秀的人才，需要他们解释给我听,我才能明白。这就是简历的大忌。简历就是给不认识你的陌生人看的,要在最短时间内争取他们的信任。

在二级招聘市场中,人力资源、猎头眼里的简历是有优劣之分的:

最佳的简历是:同行业、同类型的公司做相同岗位。

小许,他先后任职的公司都属于教育行业同类公司,如果他的简历上的岗位都是运营,那么这份简历就值钱了。

次佳的简历是:不同行业、不同类型的公司,做相同的岗位。

这是市面上大部分人的简历,比如你先后任职某互联网公司、某房地产公司,但是都做会计工作。

不佳的简历是:同行业或者同类公司,但是几份工作做完全不同的岗位。

小许就是命中了这点,他虽然深耕教育行业,但是先后做的是运营、课程教研、销售,这3个不同的岗位。所以即便他有985大学的学历,在招聘网站一类的求职工具上,也很难有良性、高质量的求职反馈。

最差的简历是:不同行业、不同类型公司,做完全不同的工作。

很多不懂得设计自己的履历的职场人,往往会让自己陷入这种万劫不复的简历中。这种简历基本无法在二级招聘市场里流通,即便是有硕士、博士的学历,也很难从算法机制上和人力资源的客观标准上进入到面试环节。

比如,我的另一位学员小苏,苏州大学硕士,毕业后先后在医疗行业做销售,互联网泛娱乐行业做客服,之后去了房地产行业做运营，过了 30 岁之后发现自己基本无法在招聘网站上找到好工作，原因就是命中了这点。

当你了解了简历的标准后，你就知道，想要让自己的简历能通过层层叠叠的算法机制和人力资源的筛选机制，你必须要用他们的审美眼光来优化。

分清楚简历的优化、注水和造假，放下心理负担。

我在和 CGL 这家全球知名猎头公司的联合创始人交流的时候，对方讲到了一个观点叫简历的优化、注水、造假的区别。他说很多人因为分不清楚这类区别，导致心理障碍，无法优化自己的简历，进而造成反馈效率低，求职无果。

优化：把你做过的事情按照对方的要求重新描述一遍。如果你没有相关的工作经验，你可以把职业教育学习，相关兼职经验也写上，只要你做过这件事，把它按照对方的标准描述一遍。

注水：你不是这个项目的负责人只是参与者，但是你说自己是项目的负责人。

造假：你没有在这个公司工作过，你说你工作过。

优化简历是整个二级招聘市场都在提倡的事情，它会让你的求职效率更高。如果你自己不会优化，还可以选择猎聘、超级简历、拉勾这类网站提供的简历优化服务。

优化简历的重要步骤：
阅读岗位信息，书同岗，核心技能+数据佐证。

小许在优化简历的时候，抓不住岗位重点，很难写出符合招聘方要求的简历。这时候，我建议他做几个重点的动作：

先阅读 20~30 个目标岗位的岗位需求，从中提炼出 3~5 个核心工作技能。

再"书同岗"，想要做用户运营的岗位，把自己之前的岗位名称都改成用户运营。最后，利用"核心技能+数据佐证"公式，来描述自己的工作经验。

小许优化后的简历如下：

私域用户运营负责人｜成人教育行业

1 制定核心课程产品销售转化目标，为拉新转化等结果负责，促动**流量变现：**
8 个月 120w 销售额，转化 55 位线下大课成员，20 位私董会会员

2 设计相关视频、文字、朋友圈等钩子，吸引目标**用户增长：**
8 个月成功转化 33w 抖音粉丝，20w 视频号粉丝，引入私域 10w 人

3 建立用户分层、用户画像，分析用户深度需求的 sop 链条，**搭建私域转化体系：**
搭建"肖厂长 IP，厂长合伙人，厂妹"等系列私域转化矩阵

4 利用**社群运营**、口碑活动、案例专访等手段，提升客户活跃度及用户黏性，促进用户转化；
构建 100+ 转化社群，推出学员万字长文计划等活动，转化数据同比增长 50%

5 通过**数据分析**，优化产品及用户体验：
构建一对一私聊话术，挖掘用户需求，优化产品及转化链条，在职期间洽谈 300+ 案例客户

流量变现、用户增长、搭建转化体系、社群运营、数据分析，这五大核心技能就是他通过阅读20~30个用户运营岗位之后筛选出来的。紧接着，他把自己所有的履历都改成用户运营岗位，最后把自己之前做过的经验描述成目标企业需要的数据。这样他的简历就变得清晰明确，能快速让人抓住重点，符合二级招聘市场的审美和需求。

利用这份简历，他很快吸引了得到、网易有道、新东方、腾讯课堂等诸多优质教育品牌的面试机会。

除了这些核心履历的写法，简历里还有很多好玩、有趣的小细节。比如，你的电话要可以添加微信，你的简历要有名字（可以采用大厂名称＋岗位名称＋个人名字的写法，如果没有大厂，可以用岗位名称＋个人名字的写法），照片用公关照片而非用证件照片（前者有表情动作，后者死板僵硬），简历里不要写很多幼稚的奖项（比如三好学生之类），简历的履历部分可以严格按照对方公司的岗位职责去写等。

对于一些没有工作经验的求职者，可以通过线上兼职或者职业教育学习的方式，快速让自己拥有工作经验，写在简历之中。这样，虽然短期内的工作经验可能不过关，但是足以帮助你吸引一份优秀的面试，向面试官学习，学习得多了，提升就变得更快了。毕竟工作经验都是在岗位上培养起来的，转型人的工作经验只是为了说服你的面试官，让他给你这个机会。

简历决定了我们吸引什么样质量的机会，即便你此时此刻仍然有很多需要提升的地方，但是这并不耽误你拥有一份绝佳的钩子简历。一切机会，都是从迭代第一份简历开始的。

反焦虑思维：
物理疗法永远比心理疗法更有效

> 对抗焦虑，物理疗法永远比心理疗法见效更快速。

求职过程中，人经常会有"排斥求职这件事""悲观地认为自己找不到好的工作""心里知道是必须要做的事，但身体抗拒，就是没有动力"等等这些问题，严重干扰求职效率，长时间发展下去，非但影响个人的求职结果，也影响整体的身体状态。

我的学员 Leo，26 岁，普通本科毕业，毕业面试了 50 多家公司找到了一份满意的工作，换过 4 份工作，从事互联网教育行业社群运营这一岗位，工作 4 年做到管理位置，最近一份工作因为行业原因被裁员了。

他整个人在求职的时候非常低迷，身体非常抗拒，对求职转型这件事没有强烈的动机和欲望。

如何改良这种"心理积极，生理抗拒"的心力、体力问题？

物理调节：
调节时间、运动、饮食习惯。

修养体力的最好方法就是习惯：固定的时间做固定求职的事情，每天能坚持运动 30 分钟到 1 小时，准时吃饭且吃有营养的东西。这 3 个是最容易在求职过程中见效的习惯。

固定的时间做固定的事情，可以有效帮你形成一个良好的求职习惯，让你不再恐惧求职，可以坚持下来。我建议选择每天早晨起床后的 1~2 小时来做求职这件事，这个时候大脑最为清醒，负担最小。

每天坚持运动可以有效提升体内的血清素含量，让自己求职效率更高，心情更好。正在求职焦虑期的读者，未必要选择多么强的运动量，每天能坚持早晨出去散散步，坚持一周的时间也会有心情和状态的明显改善。

最后就是饮食了，外卖的食品高油高盐，吃了这些不健康的食品会加重身体负担，尤其是奶茶、咖啡一类的饮品，会加重咖啡因和糖分上瘾，让你很容易疲惫。因此在求职期间，少油少盐，定时吃饭非常重要。良好的体力才是求职的保障。

Leo 最初非常焦虑，从参与求职实战训练营开始，每天稳定在 9:00—11:00 这 2 小时的时间用来求职，每天早晨 8:00—8:30 运动 30 分钟，三餐准时吃有营养的东西，为此他还特别买了厨具，自己买菜做饭。

坚持两个星期之后，他发现精神状态好了很多，做什么事情都能沉下心来，不慌不忙。

"我过去总认为调节焦虑要靠心理学，为此读了很多心理学的书籍，调整自己的思维方式。但后来，我发现物理调节真的更有效，更快速，两周的时间我感觉自己什么都没有做，但是居然精神状态更好，一点也不焦虑。"Leo 开始意识到求职也是个系统化比拼心力、体力的过程。

七三原则分配时间，30% 的时间用来解决问题，70% 的时间用来休息。

30% 的时间用来解决主要矛盾问题，先做这件事，不要等体力精力都消耗完了再去解决自己逃避的问题，优先解决难解决的问题，往往有比较好的结果。

脑科学中提出，我们起床后的 3 小时是效率最高的 3 小时，因此要把最重要、最不想解决、最想逃避的问题放在这个时间内解决。

之后，你可以拿出 70% 的时间用来休息，休息绝对不是发呆、刷视频、玩游戏等，这些非但不是休息，往往消耗你更多的精力，让你更加疲惫。

比较好的休息方式是旅行、运动、与人的交流互动，这样的休息更有利于恢复精气神。

Leo 每天早起的前两个小时用于求职，剩下的时间主要用于休息，休息的时候主要是阅读、兼职做项目、运动、社交，并没有刷短视频和玩游戏。

大概 2 周的时间，他发现自己的专注度发生了翻天覆地的转变，求职的时候效率更高、心态更好，面试的时候表现也更加自如。

"我过去总认为求职是越努力越好，实际上是我们休息好了才能做更有效率的事情。其中和人交流互动这件事让我受益良多，我过去不希望别人知道我的问题，因为怕被笑话，自己也不允许自己出现问题，这非常痛苦。当我打开了自己之后，发现原来这么多优秀的人都有问题，我自己就一点也不自卑了。相反，更有动力去解决问题以及帮助他人。"Leo 说。

确定目标，无脑执行，阶段性总结。

Leo 曾经有个毛病就是非常喜欢总结，殊不知总结也是消耗体力的，尤其是你没有执行的时候，瞎总结就是在消耗自己的心力。因此在求职过程中，我一直劝导 Leo 少想多动，如果功利心太强，越是希望急切地解决问题，越是在乎外界怎么看你，基本就越是执行不下去了。

所以，越是无脑执行，方法简单，频率越高，最终结果越好。

我建议他每天拿出 2 小时的时间做求职这件事，不要花费更多时间，不要考虑结果如何，就是按部就班争取每天都做，不要间断。

阶段性的总结，一个阶段（比如一个月）一总结。如果没有强大的执行力，勤于总结也是消耗体力和精力的，比如每天总结，每周总结。不要吾日三省吾身，不要陷入自己的思维困境中，无脑执行，坐等量变引发质变，相信时间不会太晚。

阶段总结的最重点就是总结自己成功的方法和失败的方法，不断从持续努力中筛选出最有效的行为，然后在下一个阶段复制这个方法；以及不断从持续努力中意识到无效行为，规避这些行为。

Leo 通过每月的复盘，发现与人互动是最有效的求职方法。当他把自己的困局和人诉说，寻求帮助的时候，不仅可以获得很多来自外界的心灵支持，还有很多工作机会的推荐。相比之下，自己比较失败的求职方法就是固步自封，自我钻研。

"求职的时候，如果没有和人之间的互动，只是自己学习，总是试图去找一个最正确的方法，真的非常痛苦。只看招聘网站的话，没有反馈，又不想让人知道自己如此痛苦，那种焦虑和压力真的很大。"Leo 说。

之后的一个月，Leo 重点放在和人的互动上，辅助按部就班的刷新求职工具，发送简历，触达企业。一旦进入自闭焦虑，他就会立刻和相关的人聊天。

"聊天让我求职阶段更健康，心态更好，更有心力积极地坚持下去。"两个月后，Leo 通过贵人介绍，找到了一家知名的教育企业，成功入职担任了总监的岗位。

任何事情只要你有一点负能量，等待你的都是崩盘。人无法做和自己价值观不相符合的事情，无法去往眼界所抵达不到的地方，因此保持持续的积极是我们拥有强大行动力的核心。

积极需要我们的体力支持，当你在求职转型过程中，尤其是之前消耗太多精力、体力的时候，你需要做的就是好好休息，把精气神养回来。越是想要短期内快速解决问题，越是消耗更多精力，负面循环越是不会终止。

求职是一场很考验心力、体力的事情，只有做好了这 3 点，才有强大的行动力，支持你走到胜利入职的终点。

第二章

找到优质工作的心理准备

工具思维：
用对求职工具，效率事半功倍

任何事情只要你有负能量，就一定会崩盘。

任何事情，只要你对它有一点负能量，那么这件事最终的结局都是崩盘。所以，一个人如果把求职转型这件事当成是他的负担，是他的恐惧，这件事势必以悲剧收尾。只有找到做这件事的乐趣，才能找到最适合自己的选择，收获强有力的成就感，拥有熠熠闪光的精神状态。

我的学员 Sherry，28 岁，是一名在银行工作 8 年的职场女性，负责企业客户信用贷款，想要离开自己现在的公司，寻求新职业，转型从事互联网金融工作。可是因为自己没有相关的互联网工作经验，面试屡屡被拒绝。

为此，她采用了很多方式，读了知名大学的 MBA，也进修取得了相关证件，但仍然没有任何转机，面试机会非常少，有限的面试最终也都以没有工作经验被拒绝。

Sherry 向我坦言，她觉得目前互联网金融类的工作机会比较少，尤其是在她所在的城市，简历上因为没有相关的工作经验，得到的面试机会就更少。求职过程中，她屡屡收到来自企业的负面反馈，比如，被企业告知年龄大，能力不行，没有相关经验。或者在求助过程中，别人对她说："别干了，这个行业别搞了。"在这种情况下，很容易因为外界负面的打击，而对自己丧失信心。在利用招聘网站等求职工具时，经常得不到反馈，她没有自信心再去做这件事，导致自己一直焦虑，不知道从何下手。

当人们在遇到求职焦虑的时候，通常会进入"死循环"，你可以把这件事死循环的 3 个关键环节写下来。

对于 Sherry 来讲，她的死循环就是：

求职工具效率低—面试机会少—面试中会有负反馈（自我打击，导致没有心情去求职，求职效率进一步降低）。

关键环节写下来后，逐一尝试针对性突破，相互关联的问题，只要解决其中一个，其他的都会迎刃而解。最初要解决的就是她最逃避、最恐惧、最主要的矛盾——求职工具效率低。

Sherry 尝试突破的就是求职工具效率低这件事。

解决方式：积极地拓展隐性高效的求职渠道。

对于大部分人而言，大家所了解的求职渠道只有招聘网站、内部推荐、猎头。实际上，优质的岗位往往不会在这些公开的渠道中，往往会藏在很多隐秘的求职工具中。

对于转型人而言，在公开的二级招聘市场上并不占据优势，因为同样的岗位一定是需要更有相关经验的人。所以转型人需要去拓展信任杠杆更高的渠道，什么是信任杠杆，就是抛开你的学历、履历，以你个人的精神状态、能力、魅力取胜的渠道。

通常信任杠杆更高的渠道会呈现出几大特质：

收费，收费越高往往信任杠杆越高。
常见有：职业教育类求职工具。

免费的渠道得到的信息相对都是低质的，只有付费的渠道才能得到核心信息。

很多缺乏经验的转型人，与其去读学位，不如去寻求职业教育类工具的帮助。比如报名参加一些培训相关岗位技能的课程，不要小看课程所形成的社群，这背后都是有大量优质企业的用人需求的。

这里需要注意的就是收费越高，信任杠杆越高，求职渠道越优质。那些舍不得花几千乃至上万元去上课的人，自然在信息差这个层面就被淘汰掉了。几十块、几百块的课程都属于提升认知类的，不会有很好的后续入职服务，所以采用市场上"高单价＋岗位技能提升＋求职就业辅助类"的职业教育求职工具，往往事半功倍。

在使用这类工具的时候，很多人怕自己被当韭菜，实际上这个社会本质就是由认知更高的人引领认知更低的人，不管这个人自认为自己的水平已经高到什么地步，在不同方面仍然会被认知水平更高的人引导。比如一个年收入千万的老板，他也要为一个年收入

20 万不到的房产中介付费，因为在买房子的领域对方就是有更高认知的人。所以，与其害怕自己成为韭菜，不如选择相信，认真筛选，主动寻求帮助。

有门槛，入圈资质越高往往信任杠杆越高。
常见有：投资人类求职工具。

有门槛的圈子往往信息质量非常优质，要有名校、名企、荣誉等背景才能参与，类似于某某社群、某某会员、某某奖项获奖嘉宾群等。如果你读书时候的能力不够，那么可以追求社会成绩，进入名企，操盘优秀项目等。

这里需要注意的是，这些圈子往往不是用来直接求职的，而是用来展现自己的社交价值的地方。越不是求职的地方越是求职的好地方。推荐你关注类似红杉资本、真格基金、梅花创投这类微信公众号，他们会有很多投资的优秀企业的招聘信息（非常私密），且足够优质，还能额外让你知道很多投资角度分析的行业知识。

投资人渠道因为有先天的门槛限制，所以为少数精英首选的求职渠道。比如我的一位好友，清华的本科、麻省理工的硕博，创业失败后第一件事就是参与各大创投的活动，通过活动了解各大企业的信息，最终找到了一家公司 CTO 的工作。越是想要从事高级工作，这类投资人工具越是有得天独厚的优势。

有先天社交价值，越是稀缺的内容越有高质量的机会。常见有：微信生态求职工具。

微信生态的求职工具有先天的社交价值，如果你想给一家公司投简历，微信公众号往往比官网效率要高很多，这是由微信先天社交信任决定的。

举个例子，我在爱奇艺巅峰时期任职公关经理，当时我们有一个账号阅读量很低，叫爱奇艺行业速递，但是我们关键岗位的招聘都会发在其中，因为这是自己部门主管的账号。

反观下来，如果要在公司官网投简历，需要走很多道程序，往往就是几个星期之后了。

所以，不要小看微信生态的求职工具，这是对于转型人而言，唯一一个门槛很低，只要靠信息差就可以找到优质机会的渠道。

求职过程中如果可以应用微信的搜一搜功能，往往事半功倍，因为微信平台信息源头公众号基本每天只能发布一次价值信息，为了在有限的发布次数中有更好的阅读量和流量，这时候内容生产方一定会用尽全力来把控质量，可以说微信搜一搜功能应该是目前综合搜索类平台中信息价值最高的。

善用微信搜一搜功能，了解很多企业招聘的官方及公司内部部门的公众号，或者具备招聘功能的公众号，往往能助你在求职路上事半功倍。

专门为职场人打造的社交工具。
常见有：职业社交类工具。

领英和脉脉一直都是主导职业社交，用户可以通过优秀的履历进行职业圈层的破圈，构建优质合作，获得相关职业信息。对国内的职场人我首推的还是脉脉这个工具。

我自己在 2020 年被评为脉脉首席影响官，因为我从 2014 年开始就使用脉脉结交人脉，在上面输出内容。

2021 年开始，脉脉在原有社交功能上推出招聘功能，并不是和普通招聘网站一样使用"你做什么，我就给你推荐什么"的算法逻辑，而是使用六度人脉逻辑，根据你的人脉圈层给你推荐认识的人，推荐可能潜在的机会。

这款软件适用于转型人的功能有：

① 在上面输出自己的专业知识。你输出的专业知识越多越能引发共鸣，你就会吸引到目标岗位的人力资源及猎头从业者，甚至有可能是对方公司的老板。这可以极大规避你欠缺工作经验的问题。

② 购买会员后主动链接目标公司的从业者，实现内部推荐。

③ 通过信息检索和热榜的形式，了解企业内部信息，辅助自己做相关决策。

④ 招聘求职功能，可以直接求职。

值得一提的是，脉脉在招聘领域基于社交人脉，所以有相对较强的信任价值，整体的反馈和成交率也是招聘工具中的佼佼者。

对于转型人而言，因为欠缺相关精准的工作经验，在招聘网站上不占优势。招聘网站算法逻辑非常简单，就是"你原来做什么，我就给你推荐什么"，从而营造出一个信息茧房，很难有所突破。因此求职工具的多元化拓展，可以有效解决机会少的难题。

当然工具还有很多，我的求职实战训练营里至少有 10 种适合普通转型人的高效求职工具，每一个工具都会让你大开眼界，进而你会愿意主动去做这件事，把找工作这件事情当作一件有趣的事情去做，而不是当成被动的任务去做。

Sherry 在这个过程中不断优化自己的求职工具，每天拿出 1 小时的时间去拓展新的工具，把自己的简历上传到不同的求职工具上，每天固定时间刷新；7 天后测试哪个渠道的反馈效率高，最终发现微信生态工具求职效率很高；根据反馈效率最高的工具，不断调整简历的关键词和履历细节。14 天后，反馈效率已经明显提高，由原来的 0 反馈，到收到 7 家公司反馈，排除掉不合适的，拿到了 3 家公司的面试邀请。

反拖延思维：
寻求压力最小的开始方式

> 你以为你只是在一件事情上拖延，其实你在所有事情上都会拖延。

人们在求职的时候很容易因为对自身条件的自卑、职业目标的迷茫而陷入求职拖延。这种拖延症是无意识爆发的，一个小小的"不那么想做"的念头，结果一拖可能就是几个月甚至是几年的时间。

然后，你会因为迟迟没有开始，又消耗了大量的时间，陷入更深的自责中，进而加深了拖延症。

求职最重要的就是先开始，只要开始，就会很快。

我的学员小婉，32岁，是来自上海的一位全职妈妈，裸辞在家育儿3年的时间，生了两个孩子，患上了产后抑郁症，和社会严重脱节，面临重回职场的困顿问题。

"大学毕业后我就在西南一省会城市的部队院校当英语教员，后来因为不太喜欢这种体制内按部就班、缺乏历练的环境，我毅然决然地离开了，去了当地一家最好的会计师事务所。然而我做的工作只是普通的行政，是当时为了逃离之前的环境闭着眼睛找的。这两份工作做了没几年就遇到了我老公，然后结婚跟着他来到了上海，还没来得及在上海找工作就发现自己已经怀孕了，所以，工作的事情就搁置了，而且这一搁置就是将近 3 年的时间。

"第一年的时候觉得还蛮轻松，不用工作，孕期身体状况也还可以，空闲时间也泡泡图书馆或者到处溜达溜达。慢慢地到了第 2 年，就开始焦虑了，觉得大宝也出生了，该考虑工作的事情了，但完全没有头绪和思路，只是时不时在网上一些论坛里泛泛地找一些招聘信息。第 3 年，二宝出生了，我更加焦虑了。

"因为我发现之前想了那么多，还是特迷茫，只知道不想当英语老师了，也不想干行政，但到底要干什么工作愣是想不出来！为此，我开始焦虑、失眠，并且特别自卑，觉得自己啥都不行，除了胖、丑、土，还特没脑子，意志力也不行，又重症拖延……"

如她自己所说，她身上有很多和社会脱节的全职妈妈的问题。其中最明显的就是求职拖延症。

她会经常因为自己生育过后身材走形、记忆力不佳、意志力不佳、没有经验等问题自卑，看什么岗位都觉得对方不会要她这样的人，所以总是觉得求职努力徒劳无功，于是卡在焦虑的怪圈之中，难以走出。

在观察小婉过往的"自救"方法中，我发现她经常采用内在疗愈方法，总是试图去解决心理问题，过度依赖倾诉和咨询，不知不觉就养成了抱怨型人格（说话只说自己的痛苦处境，从不立足于问题去寻求解决方式,最大的期待就是对方和自己一起抱怨,或者只是倾听自己的抱怨)。

这样的方式容易让她反复陷入情绪怪圈,没有办法足够冷静理性地解决求职问题。所以,解决求职拖延症,我们要靠脑科学和物理方法的干预。

人身体的很多激素会影响人的外在表现,很多你以为需要心理疏导才能变好的事情,运动和理疗等外在刺激可以快速解决:

早晨 9:00 前迎着太阳漫步,可以有效提升血清素。

我在 2019 年遇到了一位在美国创业的朋友,她说她曾经得过轻度抑郁症,在美国治疗太贵了,为了排解焦虑,她每天早晨迎着太阳徒步 30 分钟,本来是希望有一个独处发泄悲观的时间,谁知坚持了 2 个月,抑郁症居然好了。

最初听到这段经历的时候我觉得很传奇,直到我看到了《为什么精英都是时间控》这本书,脑科学医生桦泽紫苑在书中写到,血清素可以有效提升人的效率,让人拥有饱满的精神状态,而血清素一般只能在 9 点前紫外线不强烈的太阳下通过运动合成。

很多人追求的良好的精神状态、自信心,其实并不需要通过漫长的心理咨询和阅读改变,只要通过每天很短时间的早起运动就可以改变。我把这个方法分享给小婉。她坚持去尝试了这件事,每次焦虑的时候就下楼走一圈，再焦虑就再走一圈，她说她每天早上在小区里走8圈，整个人的状态都好了很多。

"第2天，起床第一件事情就是迎着太阳快走两公里。走之前还很丧，走后出汗，感觉心情好了很多。第3天一大早，继续迎着太阳快走，另外慢跑两百米。和前几天一样，跑前萎靡，跑后兴奋，兴奋状态持续俩小时。第4天、第5天、第6天、第7天……每天按照原来的方式跑步和搜索信息。唯一变动的是每天多跑两百米，结果每天兴奋的时间都要更长一些。"小婉说道。

有了稳定的情绪、良好的心态的保障，小婉每天都可以腾出1小时的时间用来求职。她最初的时候也是不知道从何下手。

"我真的不知道从何下手，即便这样，我也对着招聘网站发呆，不管怎么样，都要把这个时间留给求职，不能逃避。结果我发呆了3天之后，第4天我就开始有所行动了，我开始看公司招聘，仔细读一些求职信息，意外的是，我居然看懂了很多要求，找到点感觉。接下来的几天就越来越好，每天都能投入时间去看求职信息，认真钻研，每天也没有花很多时间，却越来越好了。"小婉说。

拍打法可以有效疏导求职拖延心理。

除了提升血清素，拍打的方法也值得尝试。《轻疗愈》这本书中，外国作者指出可以利用拍打的方式缓解压力和焦虑。

他提出人可以每天按照顺序拍击自己的小指侧的掌外沿处、

眉毛内侧、眼皮、眼睑、人中、下巴、锁骨、腋下、头顶。每次拍3~7下，完整拍一遍就可以快速释放压力，长期拍打，会发现个人状态有明显的改善。

值得注意的是，拍小指侧的掌外沿处的时候说出你的问题并且告诉自己接受它，然后拍击所有穴位的时候都可以在内心抱怨这件事带给你的压力，最后拍打到头顶的时候告诉自己"我接受这件事，这件事会变得更好"。

拍打法的核心原理是通过刺激身体相关穴位，刺激中枢神经，让自己在精神上达到快速放松的效果。

我自己在创业过程中遇到压力也会用这种方法，在拍打自己的小指侧的掌外沿处时，我会对自己说："我接受这个问题的发生，知道这个问题是在锻炼我的能力。"然后当我拍打自己的眉毛内侧、眼皮等位置的时候，我会在内心说出自己对于这些事的恐惧，不断在心里抱怨，把所有关乎这件事的不满都说一遍。当我拍打到下巴、锁骨的时候，我甚至会进入到冥想状态，发现自己要说的已经都说完了，心里非常安静，只听得到拍打的声音。当你进入到深度冥想的时候，你会感到一身轻松。

小婉在日常准备抱怨的时候就利用这个方法拍击一遍，很快发现自身的表达方式和思维方式都得到了调整。

"当我想抱怨自己迷茫痛苦，或者认为自己不行的时候，我会立刻闭紧嘴巴，开始拍打，最初每天要拍打二三十遍。我才意识到，原来我是这么能抱怨的一个人，自己抱怨只会加重拖延，把自己和身边人的情绪搞糟。闭嘴，拍打，每拍打一遍，心里就好受了很多。不知不觉，每天降到四五次，这时候，我能感受到，自己没有过去那么焦虑了，行动力也提升很多，做什么事情感觉都有条理，没有那么累了。"小婉说。

倒计时法解决行动拖延问题。

工作人员让小婉发简历的时候，她拖了两三天也没有发，我对她说："你看这其实就是一小时内就可以做完的事情，为什么要拖延这么多天，这个背后映射的就是你现在的思维模式，这种思维模式会复制在你人生的方方面面，当你想做改变的时候，都会拖延。长期拖延自然会抑郁。"

她说，她非常自卑，根本就没有简历，想着要做一份简历，但都是不够好的经历，怕被人瞧不起，所以就迟迟拖延。

突破这类问题的核心就是：想到的事情，倒数54321，立刻做。

她尝试了这个方法，立刻马上去做，找到简历网站下载好看的简历模板用了10分钟，按照模版撰写自己过去的经历，寻求简历写作参考用了25分钟，最后修改细节用了10分钟。完成一份简历，累计用了45分钟，而这45分钟，她拖延了3天，也就是72小时。

求职这件事就是牵一发动全身，你以为你只是在简历上拖延，而实际上你在搜集信息、了解公司、面试、测试求职工具等所有事情上都在拖延，一步慢，步步慢，最终导致了精力消耗而没有好结果的现状。

所以，当你意识到自己有拖延症的时候一定要提醒自己：我不只在这一件事情上拖延，是在所有事情上都如此，我必须要现在开始做，这样才能摆脱痛苦状态。

小婉通过记录写简历的时间，意识到、很多事情做起来非常简单，没有她想的那么困难、时间那么长。这是她个人的第一个突破。

最终，小婉用了 7 天的时间，通过物理调节解决了最致命的拖延问题。她开始认真地调研公司，投递简历，在 21 天内确定了自己的职业方向，找到方向让她信心大增。最后用 4 个月的时间，她入职了当地一家符合她期待的公司。

治疗拖延最好的方式，是先让你体内的各项激素指标活跃起来，利用脑科学和物理方法远胜于很多鸡汤。我们要相信身体本身的力量。

聚焦思维：
做完一件事，再去做下一件事

> 解决迷茫的终极奥义在于做一件具体的小事，
> 做完一件事再去做另一件事才能把事情做好。

我的读者 Bird 本科在荷兰就读，硕士在美国就读，毕业后成功进入硅谷的知名企业。她很快陷入职场 3 年定律："无趣、无能、无用"。

无趣：无法融入公司环境，从事相对机械的工作，觉得无趣。无能：职业技能尚未完全掌握，感觉自己发挥不出自身能力，容易受到外界影响，挫败感异常强烈。无用：无法判断自己坚持下去会是什么样子，惧怕自己一辈子都会和眼下一样，进而自信心受挫。

深陷 3 年定律的 Bird，最终因为种种原因选择归国工作，然而归国寻求工作的过程中，却陷入人脉不足、信息不够、专业履历受限等问题。

Bird 自述说："认识七芊老师是在我的人生十字路口——留学归国找工作时期。我本科在荷兰念的工商管理，主攻会计；硕士在美国加州念的会计信息系统,目标很明确,要在美国找到工作,拿下工作签证。

之后我也做到了,成功进入硅谷的知名企业,成为一名SAP系统实施顾问,那是我做梦都想要的工作。

然而,在一年的工作中,我深刻地体会到这不是我的主场,不论是工作内容、压力强度,还是侧重的技能上,我都感到力不从心,渐渐地变得自卑起来,朋友都说我变了一个人。

那种感觉就像一个才华横溢的小镇青年去大城市打拼:周围的人怎么都这么能说会道?他们如此专业、自信、游刃有余,而我……与此同时,工作签证被拒,我决定回国发展,重新思考自己的职业跑道。

但其实我也不知道自己适合做什么,下一份工作会不会重蹈覆辙呢?这样的迷茫缠绕了我大半年。七芊讲到混乱、迷茫是因为有好多问题,无法聚焦。如何才能聚焦是我最大的问题。"

在和Bird打交道的过程中,我发现她思维混乱,经常陷入精神内耗中,做一件事的时候,无法集中注意力,容易悲观思考,产生畏难情绪,进而让自己陷入焦虑。

人们在工作5年以内,最容易发生的问题就是精神内耗,胡思乱想。通过和Bird的交流,我发现能够让她梳理清楚自己聚焦的核心是最重要的一件事。

如何才能停止精神内耗,聚焦核心呢?

锻炼自己做一件事的能力：
集中注意力在一件事上。

Brid 有很多想做的事情。她会习惯性地把事情想得复杂，导致根本无法在眼下落实到行动中。

复杂的思绪下，她畏难的情绪逐渐体现出来，她很害怕在求职定位上花时间，最后证明这件事不可以；很害怕锁定了一个职业目标之后就失去了其他的机会，进而陷入一个止步不前的状态中。

这时候我建议她，可以每天就做一件核心的事，如果这点做不到，可以每周就做一件事，或者每个月就做一件事，甚至每年就做一件事。

人们总是觉得自己一天就做一件事是不是效率太低，但是实际上，每天就做一件事，能够把它做好，绝不返工，365 天就做成了 365 件事，与同时做很多事情带来的精神消耗相比，效率一定更高。

我在 2019 年全国签售的时候，在北京举办的读者聚会中，很多小伙伴都说每年就做一件事这个方法真的彻底改变了他们，他们通过做这件事获得了极强的自信和成就感，走出了焦虑。

其中一位叫 Joy 的读者说，她过去总是想做很多事情，让自己陷入畏难、难以开始的状态，而目标持续无法达成，让她对自己更加没有信心，久而久之变得更自卑痛苦。

自从她从我的书里读到了一年就设置一个目标这个方法后，她每年就给自己设置一个目标，每天留出 1 小时实现。从 2017—2019 年，3 年她已经实现了 3 个核心人生目标——完成了专业考证、跳槽进入顶尖企业、拿到行业大奖。整个人脱胎换骨。

这其实就是专注的力量。

对于思维混乱的人而言，听鸡汤和道理让自己沉下心来往往没有用处。只有树立专一目标才可以解决问题。同时迸发的问题都有相关性，解决一个往往其他都可以迎刃而解，所以重要的就是挑一个目标，投入大部分精力，集中注意力专一突破。

基于 Bird 的情况，我建议她把做求职定位这件事作为眼下这个阶段的核心目标。一个月不行，那就几个月，几个月不行就花一年，一个阶段就集中解决这个问题，解决了之后它就再也不会困扰你。

"曾经我觉得必须要快速做完所有事，同时有很多的事情困扰着我，我不知道应该先做哪一件，总是在做一件事的时候想很多。读了七芊老师的书，我意识到，同时迸发的问题都有相似性，解决一个，其他的都会迎刃而解。所以，如果大家和我一样焦虑，我建议也不要分什么优先级了，这也很让人焦虑，就抓紧做一件事，先解决这件事，其他的事情天塌下来都不要管。这个时候，人反而有了杀伐决断的勇气。" Bird 说。

做完一件事再去做另外一件事。

Bird 在求职转型过程中非常着急，在求职定位阶段，脑子里想的都是自己没有工作经验、对方不会要我、提升工作经验又需要很长时间等这些问题。

本身处于阶段 1，脑子里都是阶段 10 的顾虑，导致根本无法耐心做好眼下的事情。

人们的焦虑多数源于功利心，这时候控制自己做好一件事后再去做另外一件事。

这个阶段可以采用"烦心法"，也就是做到烦就停止。

我在听好朋友刘媛媛的演讲时，她讲到学霸学习法，就是"烦心法"。如果你做一道题就烦，那么，今天就做一道题，就可以了。接下来，你挑战的是明天做 2 道题，后天做 3 道题。做到心烦的时候就停下来，但是不要放弃持续做。

任何事情的成功，比拼的都是小心理负担的开始和持续。

最初 Bird 在求职的时候很容易遇到"思维的跳脱"，经常是刚刚开始调研行业信息，结果很快脑子跳转去做其他事情，导致自己走神。

这时候，我让她记录自己求职过程中出现的这种思维跳脱次数。最初，她求职 1 小时会有 17 次跳脱。看到这个数据的时候，她自己都惊讶了，也意识到自己的烦是由于专注力不够造成的。

对抗迷茫的核心就是聚精会神在一件小事上，重点关注要完成它，而不是完成它的意义和效果。

一周的时间内，Bird 反复记录自己每次求职跳脱的次数和原因，观察七天之后，她发现自己跳脱的原因是因为对于求职工具不感兴趣，上面的公司让她觉得兴趣全无。这个时候，她选择切换其他的求职工具，果然在专注力上有了很大提升，这次跳脱的次数就没有那么多了。

逐步记录，根据原因优化，两周的时间，她发现自己已经可以专注了。利用"烦心法"做到烦就停止，利用记录法持续记录自己跳脱的次数和原因，就此每周迭代，逐步就可以不再焦虑，专注做好一件事再做另一件事。

记录做这件事的时间，观察自己量变的周期。

记录做一件事的时间，每天投入多少时间，第一个产生量变的周期是什么。你会惊异地发现，你从小到大的成功周期是不会发生改变的。

比如我通过每天写一篇文章的方式，发现每天投入 1 小时的时间，从 0 到 1 量变引发质变的时间是三个月。当你了解这个周期的时候，你就不会急躁，你会了解自己的能力和时间之间的联系。

求职也是如此，Bird 每天 1 小时的求职投入，从 0 到 1 找到求职感觉用了两个月的时间。再之后我让她观察如果每天求职时间增加到 2 小时,并采用更科学的求职工具,完善自己的简历细节周期是否会缩短。

Bird 在第二阶段求职过程中,逐步增加时间,从原来的 1 小时调整到 2 小时。在求职工具上从传统的招聘网站改为使用微信生态的求职工具;简历内容上,她准备了 3 个版本的简历,不断根据反馈去优化简历的细节。

在这些很小的细节上逐步迭代,她发现自己的求职反馈比之前多了很多,自己做这件事的效率可以提升到在一个月内看到良性反馈。

在这个过程中,她意识到自己做事成功的周期至少要在 1~2 个月,因此求职没有那么焦虑了。

"现在努力,两个月之后有结果;两个月之后努力,要四个月之后有结果。这么一想的话,感觉求职都勤奋了起来。"Bird 说。

了解自己的周期,稳步迭代细节,会发现求职效率会极大提升。焦虑永远只是站在原地着急,而稳步行动才会有所收获。

Bird 说:"比如,我纠结是从事没有背景但是充满兴趣的艺术工作,还是一直学习的财务系统方向。如果从事艺术工作,我没有竞争力,工资自然低;如果做财务,我会被枯燥的重复性工作弄得生无可恋。这个过程中,我意识到我们的焦虑、恐惧来自于信息量不足而产生的幻想和猜测。要打破这个死循环,为什么不搜集更多的信息、主动找人交流呢?事情往往不是我们想象得那么可怕,不要困在洞穴里自己吓自己。最终,我确定了奢侈品行业的财务会计这类职务。当我看到有一种工作能把相去甚远的专业和兴趣相结合，而我也很适合这个岗位时，从前的自信又一点点地回来了。就在这短短的时间里，我像是接受了一场洗礼。"

在未知的恐惧面前，每个人都是一样的，缺乏勇气，不知道从何开始。焦虑和站在原地徘徊没有任何意义，不如从 0 开始做低强度、高频率的努力，不要跨越阶段发展。

毕竟，这个世界并不在乎你在想什么，它只在乎你做成了什么。

独立思维：
改变自己的最终环节就是改变环境

解决原生家庭问题的唯一方法是
离开原生家庭独立生活。

很多人对于原生家庭总是抱有与父母和解的幻想，尤其是被父母干预过多职业发展的人，他们总是希望在自己的路和父母希望走的路之间寻求一种平衡，而实际上这几乎是不可能办到的事情。

因为父母的眼界和价值观的形成源于他们所在的年代和经历，如果他们拒绝沟通，拒绝接受你的价值观，这就是一种无法调和的矛盾。我目前并没有发现除了离开原生家庭、独立生活工作之外的更好方法。

下面分享因原生家庭焦虑的职场人橘子的真实案例。很遗憾是个悲剧结尾的故事，但是我仍然希望把这个故事写下来，并且尝试帮助这样的读者破局。

橘子的父母是县城里的生意人，家里不止有她一个孩子。她从小性格软弱，对父母言听计从，好不容易走出县城去了西安读书。

但是她总是觉得这所大学配不上自己,一心要考取研究生,读更好的大学,结果第一年没有考上,第2年又没有考上。浪费了两年的时间,她对自己信心全无。再去找工作,低自信心的情况下找的都是销售、文员这些低阶的岗位。

家人催促她,骂她别傻了,别异想天开:"你就是这个水平的人,你赶紧找个工作做就好了。"于是她没有时间、没有耐心去好好研究自己的职业,就这样,随随便便把自己"卖"给了一家小公司,做起了文员的岗位。

文员的薪资收入低,她觉得大城市压力太大,再加上自己性格软弱,也没有什么核心技能,无法同人竞争。一来二去,父母又在耳边教唆:"女孩子不要闯,专心嫁人才是要紧。"于是她放弃了西安市内的工作,回到了她生长的那个县城。

县城里,她依旧做着低配的工作,又要听父母的话考取公务员。她不开心,她说这些不是她想要的,可是她不知道怎样过自己想要的生活,不知道自己到底要什么。

我问她一个问题:"你现在到底有没有经济实力去摆脱父母,独立去城市工作?"

她说:"没有……"

故事讲到这里,其实是个悲伤的故事。

一个从小好好学习,好好读书,习惯听父母的话的女孩,好不容易从县城一步一步走入省会,到头来又回到了那个教育水平、物质水平都不足的城市。她不甘心,她想要变化,却摆脱不了听父母话,没有主见的性格,也没有足够的经济实力让自己勇敢无忧地去追求自己想要的生活。

原生家庭水平不足,听父母的话等同于断送自己的前途。

朋友说,想要摆脱原生家庭的伤害,只有一个办法,那就是彻彻底底地远离。必须要远离父母错误的价值观、错误的指导,去真正优秀的环境里同优秀的人学习,学会肯定自己的想法,为自己的想法和行为负责。

橘子最后并没有离开那个小县城,但她说通过我的书,通过我们的产品,了解到这个社会上有很多值得她去追求的职业。她相信有人正在过着她想要的生活,相信等她再强大一点,也愿意去勇敢追求,她正在攒钱准备去西安租房子,重新找工作。

这个案例中,恶性死循环有3步:

性格软弱—不敢为自己的选择负责—被父母操控(更进一步增加自己的性格软弱性)

破局方式常见有如下几种:

针对软弱性格:
树立阶段目标,挑战不可能。

如果人生中有一次挑战不可能的经历,只要一次,就可以改变原本软弱的性格。

在我的家庭中,母亲掌控欲望很强,但这并没有让我养成和橘子一样的软弱性格。相比之下，我非常独立自主。这种区别的核心关键就是挑战了不可能，挑战了父母认为不对和做不到的事情。

我的母亲是个非常强势的大学教师，我对她的印象就是暴躁暴力、嘴巴恶毒，和很多母亲慈爱、温柔、关爱子女的形象大相径庭。

虽然是独生女，但我从小到大，没有听过母亲说我一句好话，多数都是打骂和批评。她甚至说："你赚钱之前都不配和我讲话。你没有资格教育我。"我人生的前 18 年是非常痛苦的，活在一个无法沟通的母亲的阴影之下，因此我对与父母沟通这件事抱有悲观态度。

我最初和橘子一样，总是被父母打击，直到我读了大学，离开了父母，离开了那个充满控制欲和负能量的环境。

我在 20 岁的那一年读过一本书，书里写：20 岁你可以重新来过，去任何你想去的地方，成为你想成为的人。

在大学里，我开始放飞自我，想要尝试一切我想要尝试的，最初我想去当地最有名气的报社实习，当时我母亲打击我说："你就别干了！你父母没有那个人脉，人家不可能要你，你去了就是自取其辱，谁能看上你。"

面对母亲的侮辱和打击，我反而决定要看看这个老顽固说的是不是真的，于是我带着自己全部的作品和荣誉证书，精心准备了一份简历。到了省属报社楼下，拿到了主编办公室的门牌号，一个一个敲过去，进门自我介绍，留自己的简历。

前两个主编对我都是白眼，冷眼相看，最后一位主编是最位高权重的，她留下了我的简历。没想到两周后，她真的给了我一个实习的机会，在她手下最牛的周刊做编辑实习生。

当我收到这份实习通知的时候，我开心极了，我用这一次经历证明了日常打击我、对我耀武扬威的父母是错的，他们并不了解真实的社会，他们不敢尝试，所以他们也在阻止我尝试。

自此之后，我开始在大学期间尝试所有我喜欢的工作，记者、翻译、老师、编辑……我靠着自己的外语、写作、演讲的特长，让自己赚得盆满钵满，非常自信。

当有了一次挑战了不可能的经历后，那么我们可以获得正面的反馈激励，有勇气做更多挑战不可能的事情。

小到你挑战了一个早起的目标，大到你完成了人生 5 年、10 年的目标，其实正是这些挑战了不可能的经历让我们逐步独立自主起来，信任自己的能力，不被他人意见左右。

针对不敢对自己负责：
自己承担一次后果。

橘子最大的问题就是不敢对自己负责，很害怕自己选择的路和父母所说的一样，而不敢迈出第一步。

我刚毕业的时候，也非常迷茫，不知道自己应该选择什么样的工作。但我深知，我这样一个有一技之长的人应该能够在社会里找到非常满意的工作，做到顶尖，拿到高薪。

所以，我开始准备求职。最初的时候，我的目标也没有只定在北京，还定在了沈阳、大连、天津。我开始海投，只要有面试机会，我就连夜坐火车赶过去面试。

家人不支持，我自己出钱。之前靠很多实习积累了充足的经济基础，有经济基础才有尝试的本钱。四处面试之后，我在北京找到了《意林》这家公司的实习工作，确定工作后才开始连夜找房子，最终在公司对面的小区，租了一个 1500 块一个月的次卧。

因为我有独立赚钱的本事和能力，在《意林》实习不满意之后，我开始找其他更符合我要求的工作。在艰难求职的 6 个月中，我面试了上百家公司。这期间，父母也多次劝说我不要较劲，找一个普通的工作。我都拒绝服从，我不问父母要钱，也不用他们帮我，再苦再难，我一个人承受。

当一个人能为自己的选择负责的时候，这个人才有强大的行动力。没有钱的时候，我写稿子做兼职，每天就吃一顿饭——包子和豆浆。蜗居在 12 平方米的次卧，每天研究求职招聘工具和软件，耐心地修改自己的简历，不断总结面试经验，节省钱去充地铁的储值卡，去面试。

我始终相信我一定行，就这样，生生咬牙熬过了 6 个月，最终我找到了最满意的工作，一心想要成为顶尖作家的我，进入了互联网读书行业平台类的公司新浪微博，成为一名读书行业的市场运营人员，对接所有中国顶尖作家，负责他们的作品包装和推广营销工作。

这份工作让我找到了史无前例的成就感，为我之后的人生打下了坚实的基础。当我加入到在当时非常顶尖的公司的时候，我的家人也为我开心，很多人都在背后说我真的很有能耐，很有能力，大家以我为骄傲。

任何人成为一个能对自己负责的人都需要走很漫长的路。这条路里最有用的成长方式是看看事情最坏的结果是什么。当你能够接受最坏的结果时，就会变得心无恐惧。

当你能接受任何事的最坏结果时，你就可以不被任何恐惧牵扯。多尝试，多经历这些，人会慢慢变得成熟、抗压、独立自主。

被父母操控：
远离原生家庭，融入更优秀的圈子。

《乌合之众》这本书里写到人是环境的产物。当个体融入群体的时候，个体的特性就会逐步消失，转而呈现出群体的特征。因此当你越来越成熟的时候，你会发现，一个环境里的人他们的问题都是一样的。

所以，人要想在社会里活得好，活出自我，最重要的就是活一个环境，也就是你所在的圈子。有的人一直没有社会里的圈子，他的圈子的核心一直都是父母。而父母水平有限，眼界有限，慢慢地，他们的父母就会影响他们。

橘子就是非常典型的被父母影响的案例，想要摆脱限制去学习，父母会说她上当；想要去大城市工作，父母会说她是女孩子，稳定结婚才是要紧。这样密切地和父母一起生活，被父母的价值观左右，使她无法真正走到更优秀的圈子里去。

我人生中所有的改变都是从离开父母开始的，当我进入喜欢的大学，当我学到大开眼界的小语种专业，当我身边有无数家庭条件好、思维眼界开阔的同学，当我接触留学、接触顶尖的国际视野的洗礼的时候，我才意识到，这个世界多么地广大，而我父母和我原来的生活圈子是多么地浅薄。

当我离开他们的时候，我才知道，人生有很多种可能性。我还记得，大学回到家的时候，很多亲戚都问我说："读书你想不想家啊？"我知道他们想问的是我在外地乃至在国外，有没有思念家乡，他们很想从我口中听到"我想得不行""外头的世界多么不好"，因为他们的孩子都被他们牢牢控制在自己身边，他们剥夺了这些孩子看世界的机会。

但我从来都说："外头的世界真好，我一点都不想家。"然后我会长篇大论地讲很多他们听都没听过的事情，来对抗他们的无知和浅薄，让他们的孩子回去抱怨这些父母的强权。

这是那个年纪的我所做的不讨喜的事情，可也正是这样的事，让我逐步成为摆脱原有家庭局限认知的人。我也建议大家在求职的时候，尽量不要做连父母都知道的职业。如果连你老家的父母都知道这类职业，多数都已经没有发展前景，濒临被淘汰了。

所以，我会花很长时间去学习，去融入更优秀的圈子，我在进任何公司的时候，同事的素质都是我必须要考核的一项指标。我需要融入足够有门槛且优秀的圈子，让优秀的人不断改变我的思维，最终达到改变自己的目的。

这一招很奏效，在我工作的前 4 年，先后任职新浪微博、搜狐视频、爱奇艺这 3 家互联网大厂，不管是哪一家公司，我的同事们都是非常优秀的，在他们身上我学到了很多东西，我之后的人生也都因为这些优秀的队友而发生改变。

因为我没有良好的和父母沟通的经历，所以我无法给到什么中立有效的建议，我的想法或许偏颇，但在我看来，摆脱父母的操控，远离是唯一的方法。只有远离原生家庭，重新构建自己的社交圈，融入更优秀的圈子，让优秀的人的思维影响自己才是核心。

通过这个故事，我想对大家说，父母是最难挣脱的一种影响，所有的改变都需要勇气，在你没有能力改变的时候，多多去接触积极的信息，积累勇气，这也是一种进步。希望所有和橘子一样的读者能够勇于迈出第一步，为自己的人生负责。

反专业思维：
学什么不一定要做什么

真正的优质就业是在社会中找到结合你自身优势的新职业，而非为你的专业找一个容纳它的盒子。

人和人的发展差距就在于你的职业选择。

我在和新榜商学院的负责人夏之南直播的时候，他说现在他可以给出 2 万的月薪招募擅长新媒体写作的人才，直播间里有读者说同样是擅长写作，她在酒店行业做文案每月只有 3500 块。

同样是擅长写作，在酒店行业的人力资源部门，做只写给领导看的内刊和你在新媒体公司从事公司最核心业务的新媒体运营，两者在几年后的发展一定天差地别。

职业选择的核心就是只有在核心部门做核心岗位才有发展可言。

其实干预人选择优质的工作有很多因素，其中最常见的是学什么就做什么，人们被自己的专业限制住眼界，导致去做了所谓好就业而没有发展的低阶岗位，几年后才拍大腿后悔。

下面和大家分享的这个故事就是一位日文专业毕业的朋友，被专业限制进入外贸公司工作，最终突破思维限制转型成功的案例。

小苏，西安外国语大学毕业，她说：

"我大学专业学的是日语，毕业一年，在广州一家日企汽配公司负责采购的工作。毕业时职业规划不清晰，只是想着在这里不仅能用到自己专业知识，还能学到采购相关的知识，对自己以后的发展也比较有利，便怀着模糊的想法在这家公司工作。工作半年以后渐渐发现，平时用到日语的机会比较少，且负责的工作内容也不是我感兴趣的，再加上无法适应日企的工作氛围，于是便萌生了转行的念头。一开始我留意的主要还是跟专业有关的工作，因为大学期间有在日语培训机构实习的经历，所以我一开始想的是做一个日语培训老师，可是在技能发展以及备考的过程中，这个念头又开始慢慢打消。我还是倾向于要在教育行业发展，可是如果不做日语老师，我又应该去做什么呢？经过简单的信息收集，我模模糊糊地确定了一个方向：互联网教育新媒体运营。可是这个方向真的是我想要的吗？我甚至没有相关的经验，我该如何去确定自己的方向呢？"

在和小苏打交道的过程中，她问我的第一个问题就是："您为什么不靠日文专业就业？"

我讲了我的故事：

2014年，我毕业的时候正好是外企五百强和国内民营互联网青黄交接的时刻，当时作为日文相关专业的毕业生，老师为我推荐的工作都是类似微软这样的五百强外企。但是我通过面试很快就发现，这些我的老师、我的前辈认为的好的工作，早就已经过时了。于是我做了一个大胆的决定，那就是大胆求职，看一看大人们所说的满意的工作是否存在？在近百家企业的面试中，我坚决不做翻译，不做老师，不做销售，不做文员，不做记者，不做编辑，不做人力，不进国企，不进外企，不进媒体……

我是利用排除法，最终确定了自己想要进互联网行业，读书领域的互联网平台公司，而这其实只用了3个月。最终成功进入新浪微博。成为一名读书领域的市场运营人员，这份工作为我未来成为作家打下了坚实的基础。知道自己要什么很难，但是知道自己不要什么，持续拒绝你不想要的东西，你想要的就会越来越清晰。

有些人问我，没有靠日文就业是否遗憾。我的答案是：一点也不。语言是一种工具，你的工作是需要用这种工具去撬动更大的目的，而不是为了给这个工具找一个盒子。

小苏听到我的故事后深受启发，她坦言自己寻求工作的过程中一直在内耗的原因就是一直问自己要什么，而没有问自己不要什么，没有大胆尝试看到更多职业选项。

她说："我其实是很割舍不下日文专业的，因为自己学得还不错，或许是执念太深吧，所以整个人被这件事束缚了。学语言，最多就是做老师、翻译、文员。我几乎不知道还有什么其他的工作。我很想摆脱当下的痛苦状态，很想去做让自己开心的工作，可是我居然不知道这些工作到底叫什么！"

由此，大家可以看到，小苏的核心问题就是求职的眼界不足。

学习日文只知道做老师、翻译、文员,她看不到更多的职业选项,所以一直迷茫,陷入内耗。拓宽自身的职业选择眼界就变成了头等重要的事。

在这里,我分享一个拓宽职业眼界的方法:行业公司定位法。

通常我们在寻求工作的时候,往往是看企业或者看岗位,这样的求职方法有先天的眼界限制。比如,我们只会关注到那些有名气、发展完备的大企业,盲目追求进大厂极有可能丧失掉那些发展得非常好的企业的工作机会。

马云曾经在他的采访中说:阿里巴巴早年是招聘不到好的人才的,名校名企的人都不愿意来他们这样的公司,于是他们只能招聘在市场上二三流院校毕业的人,但是他发现,越是这样别人看起来一般的人才,其实才是不一般的人才,他们有极强的改变自己的渴望,肯干。于是最终吃到阿里上市红利的恰恰是这波人才。

为什么这些普通学历、普通出身的人可以抓住阿里的红利?核心非常简单,不管是他们有意还是无意,他们当初无法进入那些有光环的大企业,也没有能力考上公务员和编制,没有能力进入外企,他们恰巧选择了符合时代需求、真正高速发展的阿里巴巴。

因此,找工作,找高速发展的行业里有活力的公司比找一个大企业重要。

同样,为什么不应该按照自己的眼界去找工作?因为求职时的眼界多数都是狭窄的,人们对于社会需求了解得太少,知道的多数都是传统岗位。就像学习会计的,只知道会计、财务、审计这些岗位,无法结合行业的具体诉求寻觅到那些相对高阶的职业，比如商业分析、投资分析等结合具体行业产生的新职业。

所以找工作最重要的，不是找大厂和耳熟能详的岗位，而是找一个适合你的高速发展的行业。

行业 = 工具 + 领域。

互联网不是一个行业，互联网教育是一个行业。在很多行业中，还会有细分领域。比如互联网教育行业中，还会细分：留学教育、职业教育、儿童教育、思维教育等领域。

在不同环境背景下，同一行业中被大量需求、高速发展的企业类型是不同的。

高速发展的上游类公司一定远胜于下游类公司。你的薪水和发展天花板都不可同日而语。比如，疫情条件下互联网留学教育行业饱受打击，留学咨询类公司就是处于下游的公司，留学需求量没有那么大，国外处处都受限制，整体业务发展受限。

如果你要做新媒体运营，在这个求职节点去这样的下游公司，不如去这个细分领域里内容流量型公司。我的一位读者就是从留学咨询类的乙方服务公司，跳槽到了行业上游，以账号矩阵为核心做国外内容，传播留学知识的教育 MCN 公司，薪资不仅翻了两倍，还在疫情期间获得高速发展，入职一年，就已经成为项目负责人。

去求职节点上，市场供需关系中处于上游的公司一定事半功倍。

公司类型 = 公司的盈利模式

我们找到行业之后最主要的就是，找到这个行业内不同类型的公司。大部分人找不到新职业的原因都是因为他们不了解公司的盈利模式。

以互联网教育行业为案例：

以技术平台为核心，聚拢内容，以收取会员费、商家分成、广告费用为盈利手段的多数都是平台类公司。比如，荔枝微课。

以内容制作为核心，自有内容聚合流量，制作内容，赚取版权、赚取内容分红、赚取制作费用的多数都是内容流量类公司。比如，十点读书。

以技术工具为核心，提供给企业某一块业务的效率及服务问题，赚取使用费用的多数为 SaaS 工具类公司。比如，小鹅通。

……

每个求职节点上，市场上处于上游公司的类型都可能不一样，一般产业周期每 5~10 年会发生一次大调整。因此熟练掌握你求职节点上，哪些公司在供需关系中处于市场上游是找到优质新职业的必备技能。因此，大家可以多多阅读行业内部的财经媒体、行业分析类的公众账号，都有助于你形成行业认知判断。

公司的不同类型决定了独属于这个公司的岗位名称的叫法。

比如销售这个岗位，在不同类型的公司，其叫法多数不同，比如，在平台类公司可能叫社群运营，在内容流量类公司可能叫商务媒介，在 SaaS 类公司可能叫大客户经理。

不同类型的公司，他们会有独有的自己这类公司的岗位叫法。

大家如果觉得找同类公司比较难，可以使用爱企查、企查查等工具，搜索同类竞品，往往事半功倍。

当你在求职的时候，实际上是先通过确定行业和细分领域，找到适合你的公司类型，最终，找到这一类公司里适合你的新职业名称。

当你找到了这个名称的时候，你再通过这个职业名称的检索就可以获得更多、更优质的职业机会了。

眼界不足的小苏，通过智联招聘、Boss直聘这类综合型的求职平台，先确定了自己的行业定位：想要去互联网国际教育行业。

通过调研这个行业里不同盈利模式的公司，她粗略总结了5种类别：留学咨询类的服务类公司、内容流量类公司、互联网平台类公司、企业服务SaaS类公司、流量营销类渠道公司。

这些公司中，她最感兴趣的还是互联网平台类公司，通过大量查看这类公司的岗位，她发现国外运营这个岗位非常适合她。既可以应用到她的外语基础，又可以拓展眼界做国际业务，还可以学到最先进的互联网运营知识，为此，她非常开心。

打开了眼界之后，小苏感觉找到了新的方向。

她说："我要去从事这个社会新产生的、高速发展的、能够用得上我的优势的岗位。只有如此，我才能在最短的时间内，获得最快的发展，不管是薪资还是视野都能得到极大的提升。七芊老师还举例说，很多岗位为什么薪资高？答案是供需需求。需求高、价值大、人少的岗位就薪资高。相反，需求低、价值不大、人很多的岗位薪资就很低。这让我醍醐灌顶。过去，我被专业束缚，忽略了市场，活在一个框框里。我觉得非常好的岗位原来在开始的时候就已经明码标价了。

我之前漫无目的、没有时间限制地搜集信息时，经常会做着做着就偏离了一开始的目的，去了解其他关系不大的信息去了，结果时间花了，信息搜集却缺乏系统化。现在，我每天固定时间花费2小时搜集信息。

这时候，我也体会到了求职实战训练营的好处，过去自己找很多信息，但是也不知道对不对，一个人很容易厌倦，但是大家一起，遇到问题能够分享出来，就好很多。最初大家可能不好意思问，后来社群咨询开始设置陪练，陪练一般都是经验丰富的职场人，比如华为的总监、恒大地产的馆长，都是各自领域做得非常好的前辈，他们会指导大家在固定的时间写作业，固定的时间提醒大家，解决问题。这样就比自己去搜集信息好很多。

过去，我也有不好的习惯，以为知道了一个方法，自己悄悄做就可以。但后来才知道，确实，很多东西是没有办法自己去做的，因为一个人的能力是有限的。不断排除的过程中，一边搜集，一边排除不适合自己的领域，范围便越来越窄，我最后确定了互联网教育培训—教育类型公司—新媒体运营岗位的工作方向。

"我相信，立足于市场的职业选择才是真正好的选择。也希望能够看到以上分享的朋友,别再被专业、工作束缚了。世界真的很大,好工作真的很多,与其在一个落后的岗位上不断消耗,不如找到一个新职业发光发热。"

我想用小苏这个故事告诉所有人,你的优势也是你的陷阱,找工作不要问自己要什么,打开眼界才是破局的关键。

应变思维：
放弃稳定，应对变化的能力才是核心竞争力

> 幻想会让你短暂快乐，
> 但是，真实会让你长久改变。

关于国企、私企和外企哪个更好的问题是求职者们多年来始终在争相讨论的。但是大多数对比的都是福利待遇，却没有人在乎自己到底适合做什么，自己的心理状态是怎样，自己适合进入怎样的环境去工作。

下面我们就来讲一讲关于求职中的"稳定"，我们如何才能打破"稳定"所带来的束缚？

"90后"的莲子，在知名大学毕业后，进入了中国数一数二的出版社工作。

长达两年的工作中，因为长期的职业压抑造成了自我封闭，莲子被医疗诊断为轻微抑郁。

莲子说："我觉得自己再待下去就要废了，容忍压抑了两年，在度过了新鲜期后，没有一秒不想离开，却又在第2天清晨告诉自己要开始全新的一天。无数次觉得自己特别无能，晚上睡前千万

条路,早起又重新走老路。在一次冲突爆发之后,我终于无法忍受这样的工作环境,压抑、痛苦,饱受别人的质疑,因为不善表达被当成黑锅侠。我终于毅然决然地离职了。一时裸辞一时爽,然而接下来去哪里,我真的不知道。"

在和莲子的接触过程中,我发现她有很强的心理负担,她对于"稳定"有着谜一样的执着。

她小的时候就被教育:只有稳定的工作才是好的工作。

她的父母原来也是在稳定的国企工作,因此,父母非常反对她去打拼,毕业后要求她要么考公务员,要么进国企,总之绝对不可以走"不稳定"的路。

长时间被父母束缚,向父母反馈没有作用,改变不了他们。所以,莲子渐渐丧失了独立思考、寻求佐证的能力,凡事都喜欢压在心里,渐渐变得内向压抑。

每次她看到同学大胆寻求到自己喜欢的工作,大胆参与到公司高级的市场活动中,那种光鲜亮丽、意气风发的状态,她就羡慕到不行,但又无能为力。

莲子说:"我讲述了我的问题,本来以为不会被理解。但是七芊老师说:'我很理解你。'这一句话,我像是找到了知音,过去我总是觉得自己和环境格格不入,总是被别人质疑否定。第一次有人如此贴近地认同我,让我非常感动。她让我描述我的问题,因为企业文化和个人之间的不同,我感觉非常压抑,自我束缚严重,和同事之间有隐形摩擦。因为缺乏数据思维,缺乏与人之间的交流,造成了爱幻想、爱情绪化的毛病。七芈说我认为正确的那些职场规则，其实在职场里从来没有人承认过是正确的，只是我自己认为是正确的。我仔细一想，确实如此，很多事情别人并没有强制我，只是我认为是这样，最终造成了自我束缚。"

如何才能让莲子放下她心里关于"稳定"的包袱？核心就是让她从自我情绪中走出来，大胆寻求外界真实的反馈，击破不切实际的幻想。

去大胆尝试，看一看，她父母所说的不可以的事情是否真的不可以？去大胆求证，自己喜欢的工作是否如同别人所说的不存在？去大胆获取反馈，自己到底是不是如自我所想的那样差？

在这个过程中，我发现，莲子最大的心理问题就是不敢面对负面反馈，所以总是活在自己的幻想之中。

当有一个人否定她的时候，她立刻就选择了放弃自己的想法和行动，立即否定自己。

这个时候，我给了她应对负面反馈的方法：

重新认识负面反馈：
只有负面反馈才是真正有价值的反馈。

人性本身都是害怕负面反馈，当我们被批评、被打击的时候，都是第一时间选择放弃、逃避。

当面试官告诉莲子不符合要求的时候，她下意识会觉得是自己不够优秀，根本不想知道自己到底是哪里不符合，更没有想过快速提升，就兀自进入到自我打击的模式。

然后陷入求职的焦虑情绪，觉得事情无法解决。

一个人做事的时候，正常情况下，首先会收获的应该是大量的负面反馈，然后根据负面反馈不断调整，最终才取得正面的结果。如果你在负面反馈的初始阶段放弃掉了，总是试图跳过这个阶段，直接做正确的事情，那么等待你的就是幻想带来的焦灼。

正面反馈能告诉你做对了，激励你继续去做，但是负面反馈却能告诉你成长的空间在哪里。因此要大胆了解负面反馈，甚至主动搜集负面反馈，这才是提升求职效率的关键。

莲子听了我的话，她开始搜集公司对她的负面反馈，而非正面反馈。当她把求职的目标转变为听听为什么她不行的时候，她的心态放松了很多。

"别人拒绝我，否定我，我都觉得无所谓了，因为我的目标不是加入这个公司，而是向面试官学习，知道我哪里不行。他们反复多次提及的地方就是我要改进的地方，我把他们的提议当作是对我改良的建议，我的面试和求职都变得放松起来。"

搜集了10家公司面试负面反馈后，她总结，大家普遍提到的一点是她的表达能力。

"我过去以为，学历和经验会是我求职的主要问题，但是大部分面试官会因为我内向、不善表达的性格而怀疑我的工作能力，这是我没有想到的。改变这个问题，其实比我预想的改变学历和提升经验要简单很多。"

了解负面反馈才知道真实的自己差在哪里，如果遇到负面反馈就逃，就永远没有成功的那一天。

根据负面反馈调整行动方案：
只改变自己能改变的部分。

3种负面反馈是需要重视的：<u>被人诟病最多的、来自于垂直行业资深前辈的、客观阻碍你无法达成目标的</u>。

比如，被人诟病最多的反馈。对于莲子而言，自己最担心的学历和工作经验，却不是企业反馈问题最多的，而是她不善表达的问题，大家会因为她内向而怀疑她。改变自己面试的表达就是一个明显的提升点。

比如，来自垂直行业资深前辈提出的反馈。莲子在求职的时候想要进入到互联网读书行业新媒体类别的公司，请教了不少从业者，大家说她因为过去在传统出版社，欠缺的就是新媒体文章的网感，因此提升自己内容原创的网感、写出更有传播性的文章变成了明显的提升点。

比如，客观阻碍你无法达成目标的反馈。莲子内心深处非常恐惧求职，因为她总是担心自己找不到好的工作，自己如同家长所说，只有稳定一条出路。那么不敢求职这件事就是她第一步需要突破的，需要耐下心来每天有求职的时间直面求职。

着重筛选上述几类反馈，找到提升点，一旦找到可提升的方向，求职效率就会更快速地提升。

值得注意的是，很多来自他人的负面反馈，并不都是正确的，不能什么人的话都要听，比如没有实战经验的人的话不要听，你无法改变的事情不要听，有情绪的贬低否定不要听……

突破负面反馈：
锁定主要矛盾，投入时间解决主要矛盾。

人要敢于锁定主要矛盾，那些让你逃避恐惧的事情往往是你最应该先去做的事情。你可以每天先把最宝贵的时间放在解决这件事上。

举个我自己转型求职的案例。当我意识到必须要有相关领域的工作经验时，我每天会投入2小时的时间去学习相关课程，采访相关岗位上的人。锁定主要矛盾，投入时间解决主要矛盾。1个月的时间，就得到了很多人的指导，其中一位前辈告诉我："顶尖的视频企业的细分领域无法进入，那这时候选择行业排名靠后的知名公司也是一个好的选择。"并且为我提供了内部推荐。

很快，我就转型成功，进入目标行业的目标公司的目标岗位。如果我当时一直逃避，因为没有工作经验就自我放弃，没有坚持每天2小时的投入，事情不会如此快速地解决。

锁定主要矛盾，投入时间解决主要矛盾，才是突破负面反馈的核心。一直逃避问题，问题就会一直骚扰你。

莲子按照这套方法，开启了她的寻求反馈之路。

她分享道："在工作里，如果自己产生了自认为正确的想法，必须要去向别人寻求反馈，去求证是否是正确的。这个想法对我的思维冲击很大。其次，因为我的情绪问题，七芊老师还推荐我看了一本书《为什么精英都是时间控》，从科学的角度治疗我现在的情绪问题，就是提升体内的血清素含量，养成良好的习惯。

这让我对自己不切实际的文艺女青年情怀改善了很多，行事和做决定都多了很多力度。我开始发现科学非常重要，很多事情都不是我们想的那样，都有背后的物理学成因。这本书让我看问题也更接近于现实，落地了很多。

接下来，我按照七芊团队的方法，用一周时间搜集研究信息，真的就是搜集信息，在过程中一点一点加深了对行业的理解，我发现了很多我喜欢的、适合我的岗位，而这些岗位都是我在之前完全不知道的。这件事打开了我的视野。量变引发质变，我真的精准确定了自己的职业方向。

然后，我又用了一周时间投简历，只投我百分百想入职的公司，因为七芊老师说，人只有拒绝自己不想要的，才能够尽快接近自己想要的。

我按照她说的方法认真修改简历，给每一份工作重新写一份简历。虽然花了很多精力和时间，但这个过程是对自己真正意图的反复梳理，在其中越发坚定自己最初的选择。

然后在第三周周初，统一安排了 5 家面试。由于我目标明确且做了前期功课，熟悉行业领域信息，很刷好感，和老板沟通都很顺利，最终敲定了一家跟自己理念十分契合的公司，调性简直完美匹配；岗位也像是按照期待定制的，真是太开心了。

这让我想到前一段很火的演讲里面说的，每个人都有自己的"时区"，你所需做的就是保持自己的步调，不慌不忙，按自己的节奏来，走自己的人生道路。"

莲子用了 3 周的时间，通过采访的方法进行调研，学习应对负面反馈，不断打破幻想，获得岗位真相，最终加入目标公司，成为一名内容产品经理。她开始意识到，父母未必是正确的，稳定未必是谁都适合的，他人的想法未必都是正确的，做对自己好的选择才是不辜负人生。

从一个沉溺于自己幻想、害怕被否定的女文青，变成了一个大胆寻求理想工作的职业女青年，莲子这一路主要就是靠"寻求真实反馈"，打破了自己的幻想。

幻想会让你短暂快乐，但是，真实会让你长久改变。

第三章

找到高薪工作的核心方法

配得思维：
失败的源头在于觉得自己不配

> 限制人们找到优质工作的，从来不是他们
> 以为的学历，而是他们觉得自己不配。

我在全国签售图书的时候，发现很多大学生对于学历的崇拜到了痴狂的程度，很多学生不想就业，就想考研，他们只想拖延。

甚至很多人毕业很多年了，已经在社会里创造了很多成绩，还在为自己的学历自卑。

而实际上社会工作并不是这样，很多优质的工作并不需要你有重点大学本科、研究生学历。甚至说，学历更高的人未必比实战能力更强、有一技之长、履历更好的人发展得好。

于是，社会上开始出现逆差，你辛辛苦苦读完研究生，出国留学，就业的时候还不如本科毕业就加入公司的人，他们已经做到主管，位置更高，薪资更高。这是非常正常的事情，因为你投入的时间是学术研究，他们投入的时间是就业创造价值，你们过往时间投入的地方不同，产生的结果自然不同。

人们不愿意承认社会和学校是两种环境，很多你在学校里学到的未必适合这个高速发展的社会。二者的差别就在于，学校教你的不一定是社会实际行业发展的内容，搞研究可以，但用于就业就很难。不及时调整学生思维，在社会里就很容易吃亏。

学历的作用是什么呢？和简历的作用一样，就是让不认识你的人第一时间信任你，提升你的求职反馈效率。同样应聘一个岗位，假设两个人都没有工作经验，那么这时候名校毕业、学历更高的人就更占优势，反馈效率就更高。但是如果一个人学历一般，但有很多相关的实习或者工作经验，那么极有可能有更高的反馈效率。

学历最大的信任杠杆作用就是对你毕业后的第一份工作有影响，之后看的都是你的工作履历，你有没有做过这件事，有没有成熟的经验可以快速帮助企业创造价值。

我有一位读者叫小如，在云南一所不知名的本科院校学习编导专业。她出身于农村，当地的教育资源并不是很好，最后读了一个一般本科。她还总是做想要考研的梦，目标院校也不是什么顶尖的院校，只是普通院校的研究生，只是被学历自卑驱赶，为了读书而读书。

"普通学历 + 普通院校研究生" "普通学历 + 国外野鸡大学研究生"或者"普通学历 + 普通履历 + 在职研究生"，这些配置只是让当事人觉得做了形式上的努力，有内心的心理安慰，于自我提升、求职就业帮助不大，反而会被人小看，都不如直接求职，好好打磨自己的履历，找到最能发挥自己优势的工作。

如何走出学历自卑，不在错误的赛道上浪费时间呢？

**重点一定要放在履历的打磨上，
你的每一份经验都在为你吸引同质化的机会。**

我当时建议小如，如果大学不够好，就在实习上下功夫，多多关注一些招募编导实习生的微信公众号，去一些知名度比较高的公司实习，刷新自己的经验值。

小如照着做了，她关注了很多电视台、传媒公司、娱乐视频网站这类公司的公众账号，还关注了很多辅助大学生实习的账号。每天抱着尝试的心态发简历，没过多久就收到了湖南卫视芒果TV的面试通知。

她的同学们非常悲观，认为她们这样学校的人根本就不配得到这么好的工作机会，所以大家都说那是骗子。她在微博上留言问我，我告诉她一定要去。就这样，她突破了舆论限制，真的到了长沙，真的进入了芒果TV，成为一名实习编导。

很多工作机会比拼的就是信息差。很多比你学历更好、能力更强的人，他没关注这个渠道，看不到这个机会，他就不会有这份工作。求职没有配不配，比的就是信息差，谁能卡住这个位置，让比你优秀的人进不来，那你就赢了。

这里不是学校，这里是社会，是成年人的竞争赛道，成年人竞争从来没有配不配，只有你想还是不想。

对于很多学历普通、已经毕业的职场人来讲，这个方法同样适用，只要你关注多元化的求职渠道，比如微信生态中这些企业的公众号、投资机构的公众号、有招聘功能的公众号等，都会给你带来信息差。

一旦通过信息差找到了优质工作，刷新了履历，那么你的每一份履历都会为你吸引同样优秀的工作机会。

重点一定要放在一技之长上，越是学历普通的人，越是要做核心岗位。

小如拿到了芒果 TV 的实习 Offer 之后，因为谦虚踏实的表现，被领导们看中，也有意留她毕业后工作。当时有两个岗位可以让她选择，一个是公司行政类别的岗位，另一个是公司短视频运营岗位。前者有可能外派到湖南广播电视台工作，薪资相对更高一些。后者岗位底薪不如前者高，靠提成赚收入。

小如不知道如何选择。越是学历普通的人，越要做有技术含量的工作，而不要去做支持型部门、边缘部门的边缘岗位，比如行政、人力、财务、审核、客服、测试、运维等。

这些岗位如果是学历很好的人去做，比如在国际企业做外语客服，会有升职空间。但是对于学历普通的人来讲，边缘岗位只会拉低你整个求职的段位。让你未来只能吸引一样低薪且社会地位不佳的工作。

所以，小如肯定是选择锻炼内容原创能力的短视频运营岗位会更好。

对于大部分学历普通的人，一定要锤炼自己的一技之长，擅长做内容的人要打磨内容，擅长外语的人要打磨外语，擅长技术的人要掌握技术。有一技之长才能找到更好的工作，这时候如果你有能力，一定要争取进入大企业。有了大企业的背书和你的专业能力，你学历的短板已经不会再成为你求职路上的障碍了。

重点一定要放在提升信息圈层上，你的信息越高级，你的职业才会越高级。

小如毕业 3 年之后来参加我的全国签售会。会后她对我说，多亏我当年对她的指导，才让她有了好的工作。后来短视频崛起，她成功跳槽到了一家知名的短视频平台公司，现在已经是一个小组的负责人了，薪资也成功涨到了 15000 元。

她说，以她当时自卑的学历，她是无论如何也想不到自己可以拿到这么高的薪资的。她才深刻感悟到社会中成功的底层逻辑是：信息差。

小如说到她这次跳槽的成功，其实也是源于信息差——她的贵人。她当时的工作可以接触到很多厉害的名人，给他们拍视频做访谈，剪辑视频。慢慢地，自己有一些困惑，也向这些名人请教，其中有一位，觉得她短视频拍摄、剪辑，包括创意都很不错，就业余带着她做一些小项目。后来这位贵人被聘为她现在公司的副总裁，她也就此跳槽成功。

很多职业不具备拓展人脉的属性，如果你有一份工作能够帮助你认识很多优秀的人，那你会发现，你的信息圈层在逐步变高级，当你的信息圈层变高级的时候，你的职业自然也不会差。

所以，低阶职场人靠招聘网站和猎头求职，高阶职场人靠投资人和老板求职，就是这个道理。

在社会里有大把好的职业可以让你发挥价值，只要你认真打磨你的一技之长，通过你的履历、你的信息圈层，靠信息差也能在社会里成为一个非常优秀自信的人。

反经验思维:
零经验也可以转型

> 人们总是滞留在自己没有工作经验的自卑中,而忽略了企业究竟看中什么。

很多人在求职转型的过程中,总会被工作经验四个大字限制住。不少人认为自己没有工作经验,所以企业不会要自己,因此不敢求职,总是想要通过读书或者自学先补充经验再求职,于是求职一拖再拖,难以突破。

这些统统是因为人们对于工作经验的错误理解。

工作经验的核心作用并不是让你在岗位上做出成绩,而是让你的面试官相信你有这个学习能力,信任你,给你机会。真正的工作经验永远不可能通过自学或者读更高的学位培养起来,只能通过实际的岗位操作培养。

从想在岗位上做出实际成绩到打动面试官这个思维观念的转变,告诉你,你以为需要很久才能提升的工作经验,其实完全可以在短期内被培养起来。

我有一位学员小东,27岁,本科毕业后因为喜欢健身而从事了健身教练的工作,疫情影响,线下健身门店不景气,他想要转型寻求更好的工作。通过和周围的朋友交流,消费品行业蒸蒸日上,他认识了一些消费品行业的老板,觉得自己很想要转型到品牌公关这个岗位上。

他意识到了自己过往工作经验的局限,去四川大学读了一个市场营销的在职硕士学位。本以为可以弥补经验不足,结果发现企业根本不认可这些在大学拿到的证书,只认你到底有没有在相关公司做过这件事的实战经验。

万般焦虑的情况下,他读了我的第2本书《选准赛道再奔跑》,成为求职实战训练营的学员。

对于小东这样的学员,如何才能突破零经验求职的局限呢?

面试才是最快提升工作经验的方法,人要通过面试先了解企业最需要什么。

在和小东交流的过程中,我发现他关于职业的很多想法都是来自于自己的空想:

"我没有工作经验,心虚,觉得自己做不好这件事,所以不敢投简历。"

"我总觉得我应该先读书,或者自学,或者兼职,提升提升工作经验。"

"我总觉得如果自己没有经验的话,面试被人看出来,很不是滋味。"

……

小东陷入了一个幻想空间,这个空间里都是他自己的想法,而从来没有真正了解过企业方真实的想法。

我告诉他最直接最快速提升工作经验的方式应该是面试。你首先要有一份优化过的简历,让这份简历帮你赢得很多优质企业的面试机会。你面试的目的并不是加入这个公司,而是要遇见优秀的面试官,指出你的问题,让你快速提升。

当你的面试数量足够多的时候,比如10家以上,专业人士指出你的不足,给你讲解很多关于岗位的实操经验,你才会快速提升。

当小东把面试的心态从加入这家公司,转变成要向面试官请教学习的时候,心理压力一下子就卸了下来。面试了20家消费品公司之后,他感觉自己对于品牌公关的岗位理解更深了,意识到不同类型的公司的品牌公关都在做完全不同的事情。在面试官的指导下,他也知道了自己应该在哪些具体方向上提升。

经验的提升要以终为始,你要大量了解企业真实的需要,才能根据需求精准提升。提升的方法也不是大部分人所认为的漫长的读书、自学,而是通过兼职和工作,请优秀的有经验的人指点,快速改进。

因此,那些觉得没有工作经验就攻读学位,或者偏颇地认为自己自学好了才能开始的人,往往在求职这件事上事倍功半。不敢了解企业的真实需求，不相信快速提升，这才是他们付出很多却结果不好的核心。

**围绕企业的核心诉求，
进行快速的职业学习提升。**

快速提升经验的方式有很多，常见的有：职业教育学习、线上兼职、面试。

职业教育学习：就是指报名参加一些和岗位技能相关的课程，比如小东想要学习品牌公关，就可以报名一些和品牌相关的课程。这些课程在微信公众号或者 B 站、抖音这类平台上很容易找到。多关注感兴趣的企业品牌，了解其岗位需求，再提升自己的相关技能，都是效果不错的提升方式。职业教育的学习有一个好处，很多课程背后都会有企业的用人需求，你学完了之后，会和一起学习的朋友形成社群，社群内会有很多针对这个岗位的用人需求。

小东自己报名了 2 套关于品牌营销的课程。他日常在每天通勤路上学习，不占用时间还学到了很多东西，自我感觉充实不少。

线上兼职：工作之余，利用兼职的形式快速做项目获取实操经验。比如，圆领、小蜜蜂、云队友这类平台都是专注于做线上兼职的。不管你在哪一座城市，都可以通过这些平台获取相关的项目信息，通过审核可以操作，还可以赚钱。

小东自己找到了一个咖啡店品牌公关营销的兼职工作，通过 2

周的时间快速帮助咖啡店做方案，投入实战，获得了不少的数据反馈。之后他还把这份履历写在了自己的简历中，增加用人单位对自己的信任。

面试：面试永远是提升最快的方式。不断通过技能提升打磨自己的履历，不断用新优化的简历去撬动更优秀的公司的面试，和面试官交流，快速提升。

小东因为大量的面试，不仅提升了自己的职业技能、反应速度，还结交了大量的贵人。有的老板很看重他的学习能力，还多次给他介绍优质机会。

这些都助力了他更快速地提升。

提升求职渠道的信任杠杆，
往往能起到事半功倍的效果。

任何宏伟的目标都是建立在最小单位的循环成立的基础上的。最小单位的循环未必要有多么大的人力、物力成本，最完美的循环形式就是最简单的，就是你现在不靠任何外力加持，就可以做出成绩的事。求职就是把远大的成就目标落实到眼下的、可以做的、最小单位的行动上。

很多人对于自己的经验提升之路，往往因为无法获得真实的反馈而非常痛苦。这时候要选择双管齐下的方式，那就是选择求职信任杠杆更高的渠道。

信任杠杆＝背书强大。

比如，介绍你进入企业的人是在企业里有良好话语权的人，这就有效提升了你的信任杠杆。

常见的高信任杠杆的渠道有：投资人类求职工具（关注红杉资本等资本账号或者结交投资人），微信生态类求职工具（企业自己的公众账号或者具备招聘功能的公众账号和小程序），校友类求职工具（聚合优质校友的工具，比如校友会），企业离职员工求职工具（聚合了优秀离职员工的工具，比如腾讯的南极圈、脉脉等），以及兴趣类的求职工具（比如产品经理圈子这类），等等。

由更高话语权、更亲近的人和企业所带来的强大背书求职渠道，往往能让求职效率事半功倍。

小东最终是通过多种工具尝试投简历，结识了一位欣赏他的老板。在这位老板的介绍下，他加入了一家知名的快消品公司，历时 3 个月，最终成功转型成为品牌公关经理。

小东对比了自己之前无效努力的 2 年时间和快速精准转型到目标岗位的 3 个月，他发现，核心源头就是对于工作经验的误解。

"工作经验这件事，完全是可以通过获得企业真实反馈快速学习和提升求职信任杠杆解决的。根本不是我之前所想的需要漫长的积累，那种漫长的积累，现在来看，就是逃避。"小东说。

行业思维:
从事新行业、新职业才有发展可言

> 每个人是一个点,每个人的工作是一条线,行业是线背后的面,决定你是否高速发展的是行业。

因为学校教育和社会职业之间的脱节,导致很多优秀的人才毕业之后直接从事了夕阳产业,越是学霸越是如此。大家都是在就业几年之后,恍然发现自己引以为傲的公司和行业已经逐步进入稳定的夕阳状态,很难高速发展,自己也在逐步被淘汰。

为什么是这样呢?因为能够进入学校进行招聘的企业,或者能够入得了学霸法眼的企业都是大企业。大企业往往代表着它们已经进入成熟的后发展周期,一个行业成熟的标志是:行业内开始出现巨头公司,行业内开始出现细分领域(比如互联网不再是一个行业,互联网母婴是一个行业),以及基层人才选拔的精英化(普通执行员工也要在学历和经验上进行约束)。

我曾经做过很多次针对名校学霸的试验,我告诉他们某一个独角兽公司的信息，让他们抓住这个机会。但是无一例外，他们只要能够加入更有名气的大企业都绝对不会选这种有发展但名气不够的公司，都是在就业很多年之后才后悔，意识到我说得对。

因为他们当时所在的位置决定了他们的思维，他们有很深的执念，会认为自己如果没有进入这样顶尖有光环的大企业就是比同学差。他们不会考虑所谓的发展问题。

同样的问题也会出现在海归身上，他们并不了解国内的行业发展，上来就是把国外的那一套照抄照搬，想要在国内找一个和国外一样的工作。实际上很多国外的优质工作，在国内的发展都非常惨淡，不符合国情发展要求。

如何才能突破传统行业限制，从事有发展的新行业呢？那就必须要从了解国内的求职工具，精准进行求职调研开始。

我的学员小青，北京外国语大学日本语本科，香港中文大学新闻系硕士。她毕业后在香港一家法律杂志社做了两年半编辑，主要工作内容是报道法律市场动态，编辑律师投的文章。她辞职的主要原因是遇到瓶颈：一方面是没有法律的专业背景，撰写行业报道会比较吃力；另一方面是出版行业相对传统，她希望可以转型到发展更快的行业。

针对像小青这样，想要从事新兴行业、新职业的人应该如何破局呢？

**按照"行业—领域—公司类型—岗位名称"
这一逻辑给目标公司进行分类。**

小青讲述她在香港时经常用的求职工具:"不同的软件,有不同的特色。我个人比较常用 Glassdoor 和 Linked-in。Glassdoor 比较好用,有点类似内地的"认准",上面有工作的评价、薪资等信息;Linked-in 水准挺高的,听说企业发布招聘信息需要交钱,上面可以看到别人的过往和现在的履历;JobsDB 这个网站招聘基层的岗位比较多;我认为 Indeed 提供的机会还不错;脉脉我最近在开始用;还有不同的行业媒体,比如 Talent,如果加到它的数据库里面,会收到 Media Alert,里面有记者、GPR 等发布的动态和招聘信息。"

香港有很多其他国家开发的求职工具,和内地有很多不同。但是求职工具有一定共通性,近些年招聘工具都在做两个努力:做垂直赛道(垂直于某个行业的招聘工具)和缩短求职流程(跳过 HR 直接和负责人交流)。

我比较推荐的工具是脉脉,它是做得比较好的职场社交类软件,2022 年在发力做招聘,反应速度非常快。其他,拉勾招聘做互联网领域比较好;BOSS 直聘缩短了整个求职的流程,反应速度非常敏捷;智联招聘是做行业分类比较好的工具;猎聘比较适合有两年以上工作经验的人,因此岗位质量比较高,它对猎头和求职者双向收费，这会影响它的效率；另外，微信生态的工具岗位优秀、反馈速度快，包括视频号和企业微信号。

这其中适合做行业调研的工具，还是综合类的招聘网站，比如 Boss 直聘和智联招聘。大家可以利用它们已有的行业分类，把你感兴趣的公司进行分类。

比如腾讯新闻这个品牌，我们可以分类为互联网资讯领域平台类型公司。

如果你坚持每天分类 10 家你感兴趣的公司，坚持 7 天，你会发现自己有了明显的求职认知改变，开始有了行业的意识。

小青坚持一周后，她意识到很多岗位名称虽然一致，但是在不同行业、不同类型的公司中，其实都在做不同的事情。她发现公司的类型很重要，大家都是做一样的行业，但是眼下你加入到 A 类的公司就是不如加入 B 类的公司薪资高、发展好。

产生这样神奇感受的小青，对于求职变得没那么一头雾水了。

围绕一个目标行业领域，尽可能地把公司类型找全面。

公司类型 = 公司的盈利模式。

一个行业是由很多种类型的公司组成的。这些不同类型的公司构成了这个行业独有的生态链。

当你想要了解什么样的工作好的时候，本质上你就是在了解你求职这个节点上,什么类型的公司在产业链的上游,它能聚合更大的资金和更多人才。

小青求职过程中和很多海归一样,只知道和自己之前工作过的一个类型的公司,看不见更多元化盈利模式的公司,就此束缚了自己的眼界,导致没有更好的选项。

小青想要求职互联网财经领域,那就可以围绕这个领域,把不同盈利模式的公司类型找出来,比如内容型、平台型、渠道型、媒体型等。

这时候她就可以有效地发现更多元的优质选择。

比如同行业、同类型的公司,基本上相同岗位名称都做一样的事情。这时候,你就可以知道在这类公司中,适合你的岗位名称叫什么。

小青过去在传统媒体,她的岗位叫编辑,但是在平台类公司里这个岗位多数叫内容运营。要先了解不同类型的公司里适合你的岗位叫什么,才能有效拓宽选择面。

比如,如果一个公司不适合你,你可以知道和他同行业、同类型的其他公司都不适合你,因为它们都在做一样的事,这样就可以帮助你淘汰一大批公司,提高求职效率。

小青不喜欢传统媒体,她其实可以屏蔽掉这类公司,不如留出时间给那些更新、更有发展的公司类型。

比如,如果你无法进入目标中最顶尖的公司,那么你可以进和它同行业、同类型的其他竞品公司,有了这些公司的工作经验,会助力你更快加入目标企业。

小青有一些目标公司，但多数都以自己没有工作经验而惶恐，我告诉她如果最顶尖的进不去，那可以加入同类竞品公司，大家在做的事情大同小异，积累的经验都是一致的。

小青通过财经领域公司类型的拓展调研，最终发现适合自己的还是互联网财经领域内容流量类公司。因此，她选择了36kr这家公司的国际部作为转型的第一目标。

细致总结独属于这类公司的新职业名称。

针对同一属性的岗位，不同类型的公司有不同的叫法。

如果说拓展公司类型就是在拓宽优质选择的眼界，那么最后我们所做的优质选项，就是这个新职业的名称。

我们通过调研不同类型的公司，可以发现独属于这种公司的岗位名称。

小青在调研过程中发现，同样是做广告销售，在互联网财经内容类公司叫媒介经理；在互联网财经平台类公司叫商务经理；在互联网财经媒体类公司叫广告客户拓展专员……

"拓展新职业是非常开阔眼界的事情，也不是完全没有方法可循，我发现大多公司类型一样的企业都叫相同的名字。我采取的方法就是：发现新公司的类型—找到这类公司适合我的岗位名称——多看一些同类型的竞品公司—确定下来独属于这种类型的公司的岗位名称。之后我就可以直接检索这些名称找到合适的工作了。这一步还是非常有趣的。"小青说。

就此,小青找到适合自己的新职业名称叫内容运营和 PR。

当你学会了调研求职信息,你就学会了拓宽求职眼界的方法,利用这个方法,你只需要做一件事,那就是找到你现在求职这个节点上,处于上游的优质企业。上游优质的企业往往发展迅速,人才需求缺口大,极具增长势能,很容易通过求职工具的口碑发现这类企业。

小青通过持续 1 个月的调研,锚定了自己的职业目标,通过 3 个月的求职,最终成功进入自己当时的目标企业——36kr 的国际化市场部,从事内容运营的工作。

求职的本质是拓宽眼界的过程,不要做那些别人觉得好的传统职业,发现新行业、新职业才是发展的重中之重。

履历思维：
比学历更重要的是一个人的履历

> 学历只在你第一份工作中起到杠杆作用，后面的职业人生主要比拼的都是你的履历。

大众总是认为学历好的人才配有好的工作，实际上，等你步入职场之后才明白，优质工作真正比拼的都是你的履历，你有实际做过这件事的经验才最要紧。

招聘一位优秀的短视频运营岗位人才，候选人有两位：一个知名大学的研究生，毕业后3年，胡乱换工作，在电视台做过编导，在互联网教育公司做过销售，在新媒体公司做过运营。另外一个普通大学的本科生，毕业后3年，工作都是在知名互联网公司做短视频运营。同样的候选人，企业一定倾向于录用后者，这个和学历没有关系，因为后者有更为成熟的工作经验。企业是效能体，需要人上来就能创造价值，而不是像学校一样培养新人。

这时候就会发现，职场中吃亏的都是那些胡乱找工作、胡乱换工作、一开始就把自己的履历搞花的人。最终他们会陷入信息茧房，一份劣质的工作吸引而来的都是一样劣质的机会。

因此，比起学历，履历才至关重要。

越是学历普通的求职者，越是要在履历上下功夫，进入顶尖或者知名的企业，提升自己的社会信任背书。越是学历顶尖的人，越是不要让自己的学历优势丧失，认真对待自己入职的公司的社会信誉，认真打磨履历，才能让你被企业信任，有更好的发展。

我的学员小宇，2017 年毕业于广东财经大学，本科是英语专业，毕业后在广州的两家小型公司任职。最近一份工作是在留学机构做留学文案，大概做了两年半；毕业后第一份工作做了一年半，在保险相关行业做业务方向的行政岗位，做国外出险业务的调配、审核和出具英文报告。两段工作因为都在小型公司，上升空间和平台比较有限。他想要换到平台更大的企业，但职业履历不够好，没有大企业的工作经验，所以比较困难。

小宇坦言，因为自己履历一般，所以吸引的都是一些"低阶岗位"，一般都是行政、文案、审核这类的边缘职位。她非常希望自己也能进入顶尖企业，从事核心部门的核心岗位，做更有发展的工作，但是自己的履历无法吸引到这类工作。

如何才能打磨一份优质的履历呢？

根据自己的客观条件进行评估：
缺大补大，缺快补快。

审视履历，首先要看自己是否垂直于同一行业深耕，如果没有，一定尽快找到垂直行业深耕。比如你做房地产行业，可以一直深耕在这个行业中，换不同类型的知名公司，这样会有助于你未来吸引更优质的工作机会。

其次，找到深耕行业之后，你要重新审视自己的履历，没有进过大企业的人一定让自己的履历中拥有一份大企业的工作经历；没有进过快速发展的中小企业的人，可以让自己的履历中拥有快速发展的独角兽公司。缺大补大，缺快补快，能让你的履历四角齐全，吸引更优质的工作机会。

对于小宇而言，她的职业履历中最大的问题就是没有知名企业的工作经验，所以这时候她需要做的就是锚定目标行业的这类知名大公司。

小宇说："是七芊老师教我的'行业——领域——类型公司——岗位'的求职思维，让我意识到了选对行业的重要性。我也学到了如何获取最新的行业信息，比如通过某一个行业自媒体的公众号、官方微信、行业报告、讲座互动，去全面真实地做信息搜集。最终帮自己做出决策。经过训练营，我确定好下一份工作也打算在教育行业。对于细分领域，我比较看好国际教育，也认同自己应该专注调研这个行业领域里的大企业。总之，先圈定目标，知道自己缺什么补什么才是最重要的。"

围绕核心公司类型发起攻势，即便待遇优厚，也要拒绝不符合要求的企业。

当缺乏大企业工作经历的人，想要进入顶尖大企业的时候，他会自卑，因为长期的工作经历会让他觉得自己的工作能力完全无法符合对方的要求。最终，还是选择了和过去一样的公司。

小宇就是如此，她学历普通，履历差，吸引的基本都是小公司的低阶边缘工作，面对大企业的要求，认为自己无法达到，因此连了解都不敢了解，总觉得自己在做无用功。小宇意识到自己继续逃避下去、自卑下去，只会无限重复"低阶职业"的怪圈，她决定寻求突破。

这个时候，最重要的就是围绕目标公司的类型，拒绝所有不符合要求的企业。想着如何能够进这一类公司，并且只进这一类公司，不达目的誓不罢休。

小宇突破恐惧的方法是：

确定目标类型的大企业——多了解关于企业的信息，击破恐惧——尝试多元化的加入渠道。

小宇说："我在搜集行业信息的过程中，获得了一些和业内人士交流的机会，这个跟自己研究的感觉完全不同，可以给自己做决策提供更真实的信息。其一，通过行业自媒体的官微、讲座，可以加这些行业媒体公司的微信公众号去和他们的员工甚至高层交流。其二，通过修改简历，获得一些面试机会，这样也可以与从业者面对面交流。其三，我觉得七芊老师的训练营提到的工具帮助我很多。比如脉脉App，我会在上面输出和目标行业相关的资讯或者见解，发布在教育行业培训圈，吸引同一个行业领域的人浏览。然后，在访客列表里面，通过加好友和他们去交流。其四，还有一点很重要，我学到了如何全面地搜集一个领域里面各个类型公司的信息。然后把每个公司下面，适合自己或者感兴趣的岗位都研究一遍，找出自己和这些岗位要求的差距，再做针对性的提升和学习。我觉得这个方法非常客观有效。"

只有当你确定"非这类公司不可"时，你才能拥有强大的行动力对目标公司发起攻势，才能最大可能地加入目标公司。任何有退路的求职，本质都是浪费时间。

目标公司无法加入，可以加入同行业、同领域、同类型的其他公司。

小宇的目标是进入互联网国际教育领域平台类的公司从事国际化运营的岗位。但是这类公司中，顶尖企业屈指可数，能得到面试机会的，收到的反馈也都不乐观，要么是以没有工作经验拒绝，要么是提供的岗位还是和原来一样。

小宇在这个阶段顾虑很多,自己不想再继续从事和过去一样的工作,而顶尖的大企业又不愿意为她提供新职业的机会。

这个时候最要紧的就是拓宽选项,进入同行业、同领域、同类型的其他公司。

我告诉小宇,你有了目标行业领域公司的类型之后,用尽了全部的办法,简历、面试、提升、拓宽求职渠道等,依然没有办法加入这类顶尖的公司,不要灰心,你可以选择和他同行业、同领域、同类型、规模也很大但是排名靠后的公司。它们做的事情都是一样的,积累的核心能力和资源也都是一样的。

这个思维帮助小宇柳暗花明,她很快在行业调研中找到了一家老牌上市的国际教育公司,公司规模很大,成立时间很久,业务稳定,很少在市场上做宣传。这个公司非常符合小宇的预期,面试后,因为她出色的口语能力和工作能力,很快得到了公司的反馈,成功入职。

一个人设计自己履历的过程,就是不断地在和客观世界之间做平衡的过程,你认为自己是个怎样的人,客观世界并不这样认为。你只有摆脱自我,站在企业客观的角度去看,不断调整自己的履历,不逃避你欠缺的履历,专注锁定那些你不敢、你不配的职业目标,做精准的提升和设计,直到彻底改变,你才能摆脱低阶职业怪圈,吸引到真正优质的工作机会。

大厂思维：
你是什么水平的人就进什么水平的公司

> 如果你急躁，那么你将一事无成。

很多小公司的职场人都对大企业很崇拜，认为进入顶尖企业就是对自己能力、身份的证明。伴随着企业发展规模越来越大，二级招聘市场中的规则也越来越多，偏见也越来越大，慢慢造成了一种现象，进入这类大公司真的很难。

如何才能从小公司进入顶尖大企业呢？我分享一位我的学员大鱼的故事。

大鱼，28岁，普通本科毕业后两年在小公司做本专业工作，第3年转型在小公司做设计，第5年进入腾讯王者荣耀团队从事设计工作。是什么让这个学历普通但是工作能力极强的职场人"指哪打哪"，说转型就转型成功，说进入顶尖企业就进入顶尖企业呢？

进入大企业最重要的一步是目标笃定。

大鱼讲述自己的经历:"我在大学的时候学理工科,是跟设计完全不相关的专业。毕业之后的两年时间,也是在做本行的工作,自己觉得不适合。当时我的朋友已经转型了,他做的程序员,会去对接 UI 设计师这样的工种。他对我说,你可以去了解一下 UI 设计这一块。2016 年和 2017 年 UI 设计还是比较火的,我去了解了一下,觉得不错,就去尝试,报了很多课程,做项目,后来就转型做了设计师。到今天,做设计师大概 3 年吧。这个月就得到王者荣耀团队的录取通知,还是蛮激动的。"

"我选择转型的时候,看到七芊的一本书《你怎么样过一天,就怎样过一生》,这本书当时给了我一个定心丸。转型以后,面临的挑战是非常大的,完全从一个零基础的小白去接触全新的内容,这个过程中经历的困难还是比较多的。转型刚开始,我做过装修公司的平面设计,又做了快消品行业,在 2020 年机缘巧合来到游戏行业做了设计师。发现这个方向真的是自己喜欢的一个方向,正如七芊书里所写的,找工作最重要的是找到一个适合自己的行业。"

"进大企业最重要的就是目标要非常笃定。向着你想要去的岗位和公司做准备。关于公司,你要先了解你所在的城市的公司,它具备哪些业务,它的业务范围有哪些,是否匹配你对岗位的需求,如何能够得到对方的青睐?做设计的话,更多是设计作品和设计能力的展现。要提前思考到底要做什么样的作品才能够得到人家的青睐。在此基础上去做一些创新,就有让对方意想不到的点。从面试官的角度,如果你已经很了解我们的产品,能力也没问题,然后你还会做出在产品基础之上的一些延展,这会让对方眼前一亮。"

"如果你真的想去某个岗位的话,你的作品一定要有对标,行业锁定性要很强,而不是每个方向都做一点设计作品。这样的话避免让招聘方觉得你好像什么都可以做,但实际上哪个方面都不是很强,都不是很突出。越是行业限制不强的岗位,反倒会因为你一直垂直深耕自己的行业而有更大的增值空间。"

大鱼说目标笃定要进大企业,就要不断了解大企业的内部架构和用人需求,这些都是可以靠不断去大企业面试和网站上检索快速获得的信息。

进入大企业最重要的保障是求职自律。

大鱼讲道:"自律真的很重要。变化很快,有的时候你可能想要应聘一个岗位,当你准备好的时候,岗位就消失了。所以在这个过程中,确实不能急躁。如果你真的想好了,要往这个方向去走的话,就一定要沉下心来。自律很重要,要保证有日常的学习和积累,保证一定频率的面试和求职。如果你能够达到这个岗位的要求,就有很多选择的机会。"

大鱼分享了自己的求职自律方法：

首先，要确保有一个能够自律的环境。大鱼说自己不会裸辞，或者专门腾出大部分的时间给求职，因为那样的话，会因为经济压力、未知时间的压力导致无法自律。所以不裸辞，保证有充足的经济收入，不需要为经济担心是第一步。

其次，在求职这件事上，他每天会拿出 30 分钟到 1 小时的时间来研究公司，发送简历。一般会在早晨刚起床的时候做这件事。晚上下班之后，他更倾向于技术的精进和学习，每天拿出 1~2 小时来学习设计相关的课程。这样的好处是可以让自己养成良好的求职习惯。

最后，相信量变一定引发质变，及时做复盘。大鱼是每周汇总一遍自己投简历的公司和学习的进度，根据进度情况调整自己下一周的计划。坚持下来会发现，心态非常平和，面试的数量也在稳定增长，不急不躁。从准备进腾讯到加入腾讯，算下来只用了 4 个月的时间。

"求职这件事情本质上是一个双向选择的过程。有时候你很努力了，但是市场上没有这一类的人才需求，或者说这个市场的时机不对，比如说，你赶上秋招或学生招聘的时候，市场上的机会本身就有点少。这种情况之下，作为求职者最重要的一件事情，是控制住时间管理和精力管理，要极度地自律。当你自律了，你就不会焦虑，好运自然会来。"大鱼说道。

进入大企业最难的一步是突破求职工具的束缚。

大鱼讲到进入顶尖大企业，如果只是靠官网和招聘网站的信息的话，对于大部分小企业的职场人都非常不友好。

大鱼说："我看《当幸福来敲门》电影的时候，发现了一些以前没有留意到的地方。举个例子，主人公当时去应聘股票经纪人实习岗位的时候，他面对的是分公司招聘的 HR。然后 HR 说你填表吧，填完表就放我这儿，反正我这儿一堆表，回头我们筛完了再给你答复。这场求职就会比较难。后来，他直接找到公司并找到负责人，给负责人发了简历，得到了面试机会，最终得到自己的工作。"

我想表达的是求职渠道真的很重要，如果你的求职渠道信任杠杆够大，真的会极大限度提升你的求职效率。

大鱼分享了自己的求职工具：

首先是设计行业的相关论坛，他会定期上传自己的作品，吸引志同道合的小伙伴一起交流，并组建了一个职业信息圈子。

其次是微信公众号，目标企业部门的公众号，还有一些业内有招聘功能的公众号，他都会关注，每天定期去看，去投递简历。

最后是关注目标行业投资资本的微信公众号，看他们投资的企业有哪些招聘岗位，还会用企查查等工具拓展一下竞品公司，拓宽自己的视野和选择。

而对于猎头和传统的招聘网站，他只做每日刷新和基础投递工作。最终，他是通过王者荣耀部门的微信公众号投递简历，连接到了目标面试官，因为作品能力达标，人品值得信赖，很快收到了 Offer。

大鱼的故事里面有一个转型人不急不躁的精神状态，有一个转型人按部就班的努力，没有抱怨，没有自卑，就是基于自己现实的条件，进行冷静的努力，一切改变和成功都是自然而然发生的。

发展思维：
不在阶段 1 思考阶段 10 的事情

> 如果你处在阶段 1，却总是想阶段 10 的
> 事情，那么你将一事无成。

很多人在求职的时候思维混乱、焦虑不已，总是在阶段 1 的时候想阶段 10 的事情。比如刚开始求职的时候，一直问自己到底想要做什么，想不出来就自怨自艾。等到好不容易有了方向，又想着自己年龄大、没有工作经验，自我打击，于是浪费了大把时间在情绪上，却在求职转型上毫无进展。

如何才能正确求职、快速入职？离不开我们对自己求职阶段的辨别，了解自己所在的阶段，每个阶段就做这个阶段最重要的事情，不要跨越阶段发展。

我的学员小禾也是犯了这个错误，自己求职 3 年的过程中毫无进展，后来改掉了这个思维习惯，才终于突破了焦躁的怪圈，找到了适合自己的工作。

小禾，大学专业是广告学，毕业后3年分别从事纪录片导演、节目组制片助理和知名互联网旅游公司的社群运营工作。提及自己履历的时候，每一份工作，她都非常后悔，觉得选择工作时欠缺思考，随便选择，导致现在履历也不好看，吸引的工作机会也不优质。

小禾最大的优点是敢想敢做，最大的缺点就是爱后悔，如果一个人的优点和缺点相互抵消，这个人就会无论如何努力都站在原地。在她描述自己过往的经历时，我们可以发现，她是一个敢做敢当的女孩，没有工资也愿意独闯上海，对自己的职业有想法。

但是无法肯定自己、不珍惜机会是她最要命的问题。每个人都无法直接做正确的事情，但是每一段履历都会教你很多东西，而这些才是最终能够让你做出正确判断、正确选择的基石。

因为一直处于后悔的状态，小禾非常焦虑，经常是在刚开始求职的时候就思考很多后面的事情，导致自己什么都做不好。

小禾是如何破局的呢？

求职也好，转型也好，第一阶段都是：定位。

在定位阶段，你只需要完成定位这一件事就可以了，年龄是否符合标准、是否有工作经验等和这个阶段无关。只要你能通过精准的调研，确定自己清晰的职业方向，具体到行业领域、公司类型和岗位。这个阶段就算是胜利了。

小禾的缺点就是做一件事的时候，脑子里总有很多其他的事情，导致她总是想把这件事做完，但是却不想着如何把这件事做好。最终的结果就是付出了很多，但都是在做无用功。

这个阶段，我告诉小禾，她可以借助行业分析法、公司分析法及岗位分析法，先确定适合自己的职业目标。但她的回答很急躁：她很害怕定位不准确，或者有了定位后怕自己不符合要求，无法入职，定位也是白定。

这就暴露了她的第 2 个缺点，做任何事情都吝啬付出，很希望不努力就能一下子达到满意的结果。这样焦虑的状态只会加重她的内耗。

所以，我告诉小禾，迷茫是因为信息不足，只有你获取充分的信息，才能走出眼下的焦虑困局，否则只是在不断消耗体力，问题也得不到解决。

小禾听我的话，用 3 周的时间就做定位这一件事，每当自己进入焦虑，想要抱怨、自我攻击的时候，她就提醒自己"不要自我攻击"。

小禾说："最开始的时候，我一天会说十几遍，到第 2 周，我每天就只说两三遍了，等到第 3 周的时候，就可能一天说一次或者几天说一次。这是我第一次观察自己的情绪，我也理解了七芊老师所说的，应对焦虑的核心就是做一件具体的小事。"

3周的时间，每天拿出2小时，浏览招聘网站、求职工具；每天调研10家公司，记录下自己感兴趣的公司和岗位；记录下自己的情绪起伏；优化自己的简历进行投递。一天都不间断。

"这个阶段就是定位，我会提醒自己完成这个阶段的任务。就像减肥一样，不要上来先做很多运动，有很大的功利心，先确定适合自己的运动模式。我把求职和减肥对应起来，就找到了自己的节奏。"小禾说道。

3周的时间，小禾精准定位了自己的职业方向：互联网行业影视领域的公司，做短视频编导岗位。

接下来就是靠修改简历和面试，不断证伪的阶段了，不断检验这是不是自己真实的目标。如果不是，可以重复上述过程，用不了很长时间，就可以用排除法找到真正的职业目标。

"我发现定位阶段最大的奥秘就是不断证伪，不断证明什么是假的，是不需要浪费更多时间的，抱着这个心态，会发现很多事情都非常轻松。我发现最初自己定位要做产品经理的梦想是假的，因为我不是真心想做，只是看到周围的人赚钱多才想做这件事。相反，短视频编导是更适合我的岗位，而且影视行业平台类公司，也是我一直想要进入的上游企业，公司氛围、薪资、团队素质我都很满意。"小禾说道。

肯定了自己这个阶段的努力，有了清晰的职业方向就算胜利！

第二阶段是精准提升工作经验。

有了清晰的职业定位之后，需要的就是精准提升工作经验，这个阶段有企业需要的精准作品和项目经验就算是胜利。

在这个阶段，小禾面对工作经验问题又开始焦虑：到底怎样才是能符合企业要求的工作经验呢？

这时候必须要有具体可衡量的标准，如果只是停留在自己不符合要求的自我打击上，那么提升工作经验这件事就是一纸空谈。

常见的衡量标准是：提供企业所需要的作品和项目数据。

就小禾想要做短视频编导而言，她阅读了至少20~30个目标岗位的工作内容，了解了企业到底要什么样的经验。她发现这个岗位最需要的就是有内容创作和运营的经验。

因此，她决定快速去做一个短视频账号。"我没有指望说一下子做个多么成功的账号，有多少粉丝，我想的就是我能做优质的内容，呈现出来自己有内容创作和运营的能力。"小禾说道。

小禾把自己这段项目经验写在简历里，吸引了一些短视频编导的面试机会，再通过面试，不断向面试官请教，了解了他们真实的诉求。

"企业想要的和我理解的还是差距很大的，我会根据面试官的要求进行调整。这时候，我真的理解了七芊所说的，很多人错误地认为工作经验需要很多年才能积累起来，对于大部分求职者而言，工作经验的目的都不是为了在岗位上干出丰功伟绩，而是为了能够说服你的面试官，让他给你这个机会去做这个岗位，毕竟任何经验都是需要真正入职之后才能培养和积累的。"

小禾利用"阅读岗位 JD—自己快速兼职做项目—优化简历—撬动面试官面试—得到面试官指导—继续优化自己的技能"这一流程，快速查缺补漏，快速提升工作经验。

"这个过程用了两个月的时间，感觉自己已经掌握了这个岗位的核心技能，虽然不能说多么出类拔萃，但是基本工作都是可以胜任的。兼职做项目这件事也会撬动自己在做的过程中学习，比如查阅资料、付费听课等，因此，这是一个适合普通人快速提升工作经验的方法。"小禾说道。

自己有了企业想要的作品和项目经验，这个阶段的任务就完成了，小禾又可以庆祝了。

第三阶段是精准入职，到这步求职转型已经成功。

有了清晰的方向、能说服面试官的经验，最后这一步就是精准入职了。

对于转型人而言，需要找到适合自己的求职渠道。

我给小禾的建议是，把她的简历放在不同的求职工具上，每天用固定的时间刷新和投递，看看哪一个求职工具反馈效率更高，就说明你是这类工具的核心用户，求职效率会高很多。

小禾先后测试了传统招聘网站、垂直领域的招聘网站、职业社交类公司、投资人类工具、微信生态类工具、猎头类工具、校友类工具……

最终，她发现最适合她的还是微信生态类工具。

"我想从事的是互联网泛娱乐领域影视平台类公司的短视频编导类工作，我发现关注一些这个行业的分析媒体（比如，36氪、娱乐资本论、三声等），按照联系方式投递简历过去，反馈速度都比较快。一些专注做影视行业的招聘工具也比较好用（比如媒体人才招聘网等），总之越垂直，信息质量越高，反馈速度越快。"小禾说道。

小禾找到适合自己的求职工具，通过过往两个阶段磨炼出来的和面试官打交道的技巧，用了差不多1个月的时间，拿到了3家目标公司的Offer。

"我自己算了一下，当我焦虑的时候，我有一年半的时间都是求职无果的。但是当我用了这个分段法，把求职拆解成几个阶段后，每个阶段只是完成这个阶段的目标，完成后就可以庆祝，给了自己很大的信心，也不那么焦虑了。我用了 4 个多月就找到了满意的工作，想到之前浪费的一年半时间，自己都替自己不值。不跨越阶段发展很重要。"

"我过去有一个习惯很不好，每次做成一些事，不会肯定自己，只会觉得是事情简单，做成了没什么好骄傲的。通过这次对目标的拆解，我意识到肯定自己每个阶段的成绩非常重要，这样我会按部就班地去做成一件事，成功并没有那么苦、那么难。"小禾说道。

小禾后来成功转型进入知名的短视频平台公司，从事了短视频编导的岗位。但很遗憾，她未能通过试用期，6 个月之后她继续求职。

"没通过试用期这件事对我的打击并没有那么大，因为我相信七芊所说，转型的第一份工作没有通过试用期是正常的。无论如何，我都因为这份工作，可以名正言顺地靠短视频编导这个岗位去吸引更好的公司了。我现在求职也掌握了很多方法，按照阶段拆解求职，我相信熟能生巧，我有信心。"小禾的思维彻底改变了。

这之后，她用了差不多两个月的时间找到了一份满意的短视频编导的岗位，这一做就是三年的时间。2019 年我全国签售的时候，她来到我的签售会,那时候的她已经是个小主管了。

人生不要跨越阶段发展,做符合自己阶段的努力,你会发现一切都会越来越好。

第四章

找到高薪工作的关键决策

高薪思维：
眼界决定一切

> 唯有热爱可抵岁月漫长。

收入不达标，怀疑自己的梦想是假的，要不要坚持自己的职业梦想？

不在薪资和兴趣中做单选题。

很多人在求职这个环节，都会屈服于收入，自己喜欢的事情不赚钱，于是，立刻放弃了所谓的"喜欢"，从未想过如何找到结合喜欢的新职业，拿到满意的薪资。

小菁，普通院校环境设计本科毕业，有自信的原画能力和设计功底，毕业后换过 5 份工作，前 4 份从事商业软装设计师，后一份是私宅软装设计师。

疫情期间，设计行业整体没有很好的发展，公司多数面临倒闭，小菁对自己的薪资非常不满意，现在很想赚钱，不知道是否应该坚持自己的职业梦想——成为顶尖的软装设计师，还是转型干别的？

如何才能破局收入和梦想的问题呢？

**所有的矛盾来源于对薪资的不满，
那么就要先算账。**

小菁现在的工资是6000底薪，工作10年以上，目标工资是希望底薪税后1万，加上绩效的话，希望每个月到手2万。

先算账，如果底薪税后1万左右，税前就是1万3左右，目前就是找一个有绩效的和设计相结合的新工作，税前工资在1万3，还要保证每个月能拿到1万的绩效工资。还有一种算法就是，要每个月到手2万，税前差不多在2万5左右的薪资，也就是找一个没有太严苛的绩效考核，薪资就在2万5左右的工作。

了解薪资预期之后，就要围绕薪酬目标来寻找要进入的行业——什么样的行业能够满足这个岗位的这个薪资。

小菁通过调研发现，房地产、互联网、金融这3大行业都属于高薪行业，那么有没有和设计相结合的公司呢？这为她打开了求职思路。

"先算账，算账之后就发现没有那么可怕，针对期待的薪资去挑选行业，我觉得自己豁然开朗。"小菁说。

**关于职业方向上，
切换公司类型就会柳暗花明。**

薪酬不达标，就认定自己的梦想是错误的，这是很草率的，可以看看自己所在的公司类型。小菁选择的都是一些帮助用户进行软装装修的乙方设计类公司，薪资不好，离职的原因多数都一样：没有那么多的客户。

这种情况下，可以选择更换一些不同类型的公司，比如说可以进入互联网房产领域平台类公司，提供相关软装设计服务；或者进入甲方开发商公司，提供相关的软装设计服务；还可以去内容流量类公司，做房产主播或者直播运营类的岗位。

不同类型的公司会产生独属于这个类型公司的岗位，很多结合了设计的职业并不叫设计师，需要我们用心调研。

在训练营里，小菁找到了适合自己的公司类型，想要去互联网房产领域平台类公司。

"公司和公司之间，差异真的很大，眼下的市场环境中，乙方公司就不占优势，有优势的还是有自己产品的实体房地产公司或者已经成功上市的互联网平台公司，就算是相同岗位，工资也比我们要高出好几千。我是通过调研才知道，原来不同类型的公司差距居然这么大。所以在求职这个节点上，找到处于上游的公司真的非常重要。"小菁说。

从事结合原有职业属性的新职业。

其实没必要放弃自己的梦想，可以在结合新市场、新需求的新职业中寻找。

找到目标公司的类型之后,就是调研这类公司里适合自己的新职业到底叫什么。

我有很多学员做景观设计师或者软装设计师,也有转型到自己喜欢的行业领域做交互设计师、平面设计师和建模设计师的案例。

"我调研出这个岗位的时候有一种豁然开朗的感觉,我从来不知道有一个岗位叫客户运营设计师,但是这个公司就是这么叫的,而且很多同行业的公司都这样叫。这个岗位主要是帮助一些商业客户去设计他们的商家落地方案,还会对接落地宣传的工作。这类工作是我很喜欢的,而且薪资也比较高。"小菁说道。

当小菁发现了自己的新职业之后,她明显感受到了强大的力量,求职上也自信了很多。很多事情没有必要因为钱就放弃最初的方向,你可以做更多适合眼下市场的调整,调整到一个符合市场规律又符合你诉求的企业类型和新职业上。

有梦想、有热爱、有目标,并且按照自己的初心一直坚持的人是非常少的,没必要对你的梦想产生怀疑,迭代一下发展更好的类型公司和新职业,很多事情都会迎刃而解。

毕竟,唯有热爱可抵岁月漫长。

经济思维：
先解决经济问题，再解决职业问题

> 当你有经济压力的时候，你几乎无法做任何事情。

求职的时候面临经济问题，人就很难冷静理性地解决求职问题。贫穷是有负面循环的，因为穷，盲目地找一份工作，忍受不了这份工作时，再盲目离职，最终导致更加贫穷。人一旦进入这个循环，没有3到5年是转不出来的，人生又有多少个3年5年呢！

因此，面对求职这件事，让你理性决策的前提是你有一个相对安逸的经济环境，不在金钱上分心。

小B，女，1994年出生，大厂的算法工程师，年薪50万+，买房后零储蓄，现在面临的问题是，公司重业务轻技术，虽然自己所在的业务线算是高薪，但是业务技能比较过时，想要转型。目前随时有被裁员的风险，自己刚买完房，零储蓄，很害怕公司突然裁员。

如何解决经济问题和职业转型问题，不让经济成为求职的掣肘？一定是先解决经济问题，再解决职业问题。

先计算自己的生活成本，留出够生活 3~6 个月的钱。

小 B 算了下，目前每月生活成本在 3 万左右，通常转型求职的理想周期在 1~3 个月，多数周期在 6~8 个月，先准备 6 个月稳定的经济基础，比如 18 万。

在这个阶段，你也不要觉得这个数额太多，因为通常你计算的都是高于你实际需要的，你以为你需要 18 万，实际上可能 5 万就够了，因为除了吃饭，很多消费都是可以减免的。

任何让你为难的事情都可以先算账，你会发现你以为需要很多钱，其实并没有那么多。

小 B 说她自己还从未想过，什么方式可以一下赚 18 万。

面对之前无法想象的财富，先不要怕，可以尝试思考：什么样的客户可以一次付这笔钱，你可以提供怎样的价值满足对方的要求。在这里，我推荐大家阅读《财富自由之路》这本书，这本书中清晰地讲到，提升自己的价值单位是赚钱必须要做的第一步。

原来你可能 1 万 1 万地赚，当你因为负债或者其他诉求需要大量金钱的时候，这就在提升你的财富价值单位。找到能付得起这笔钱的客户，为他设计能解决他的问题的产品，你会有意想不到的收获。

我自己是这条法则的成功践行者，在刚开始创业的时候，我没有一次赚过几万元的经历，觉得 5 万元都很难赚到，于是我在想要怎么才能一次赚到 5 万元呢？我梳理了自己的优势，向周围的至少 20 个人讲自己可以做 PR 传播相关的项目，如果有合适的欢迎介绍。

不久就有一位好友，当时她在圣马丁大学读书，有几个华人设计师学生获奖，很希望在国内做一波宣传。于是 5 个人每人凑了 1 万，我的第一笔生意达成，这是我人生中第一次一次性赚到 5 万元。

所以，提升自己的价值单位，围绕价值单位找客户，挖掘他们的诉求和痛点，提供解决问题的产品，其实没有那么困难。

利用采访的形式，
找到可以快速解决这笔钱的模式。

利用采访的形式，同身边的同事或者赚到钱的人学习请教，了解有哪些赚钱的模式，找到适合自己的。

小菁说感觉周围的人都和自己一样，很难有工作之外的赚钱方式。

如果你没有找到适合自己的，那就是找的人不够多，样本不够细致，取样不够广泛，持续去做，找到为止。不要担心浪费时间，越是能够聚焦小的事情，越是能够快速迭代解决问题。

模式一定不是凭空创造出来的，当你不了解如何赚钱的时候，你需要和大量的成功人士进行交流，了解他们的第一桶金是如何赚到的，模仿自己可以模仿的部分。

我在直播间里讲过这个故事：我曾经在从搜狐视频离职到爱奇艺入职之间有一段空窗期，面临经济问题，我当时持续采访优秀的创业者，其中一位告诉我，他当时听了一个教育公司的课程觉得质量很高，他说不少老师也通过这个平台变现很多内容。于是我找到了这个企业的联系人，提出要为对方做老师，当时负责人觉得我的履历、社会成绩都很好，我们就成功合作起来，录制了人物访谈的相关课程，赚了上万元。后来这笔钱帮我成功地度过了求职的经济尴尬期，让我无忧地进入到目标企业。

找到能给你机会的人，帮助他，互利共赢。

赚钱的本质是信任杠杆，所以能够给你机会的人至关重要。

你需要打磨你的贵人画像，通常和你比较合得来的贵人都会有统一的特征，比如学历、地域、性格、履历、年龄等。你可以细致总结一下这拨人的画像。

当你有了成熟的贵人画像后，还要有这拨人的来源渠道。这样，你就可以找到这拨给你机会的人，向他们寻求合作，快速获得对应的反馈，赚到这笔钱。

小菁总结了自己的优势，可以提供算法相关的技术支持以及和教育产品相关的产品分析。接下来就是找什么样的贵人，去帮助他，以帮助他的模式获取相应的报酬，互利共赢。那么，什么样的渠道可以遇到他们？

我自己每年都会对话至少 50 位优秀的朋友，我发现通过创业学习遇到的优秀的创业者中，有很多都符合我的贵人画像——学历高，性格谦逊温和，履历中有留学或者大厂经验，与我同龄或者比我大 5 岁以上，他们都是很不错的贵人朋友。通过和他们对话，了解他们最需要的帮助，有一些能够随手帮助对方的，就直接帮助对方；有一些能够通过合作解决问题的，可以构建合作，而这种合作多数都可以带来互利互惠，因此解决经济问题并不难。

先解决经济问题，让自己有稳定的求职时间，再去认真解决求职问题，否则经济问题只会烧灼你，让你无法集中注意力，最后做出错误的职业选择。

创业思维：
做事的初衷决定做事的结果

有热爱，有远大的理想，才有耐力，
才有可持续的创业之路。

什么样的人适合创业呢？

我的一位学员小坤，28岁，大厂被裁员后出来创业，原来在商务岗位，手里有很多资源，但是创业没有落脚点，很疲惫。他该如何破局？

大厂员工离职创业，通常会有的几个阶段：

第一阶段：手里有大量资源和人脉，但是不知道做什么，大事做不成，小事不愿意做，总想着做上亿的生意。于是在"自己到底要做什么"这件事上就会消耗一段时间。

第二阶段：找到商业模式，要不然就是做供应商，要不然就是做乙方。慢慢就会发现，没有品牌的乙方服务公司，到最后就是比拼谁便宜，然后慢慢陷入吃力不讨好的阶段，很费力，却无法赚到钱。这波精力的折损之后，就开始出现回巢的想法了。

第三阶段：自己找不到方向，这时候就想着找个"大腿"，给他做副手，拔一拔自己小专员的头衔，变成合伙人或者联合创始人之类。但是发现"大腿"没有那么好找，折腾一段时间之后，迷茫无助，就开始彻底准备回巢了。

第四阶段：坚持下来之后，做出了自己的模式，找到了自己真正想要深耕的业务，就此蹚出了一条适合自己的路。

那么，如何才能不在第一、第二、第三阶段迷失，有哪些好的破局的方式呢？

一定要在自己做事的初衷上下功夫。

做事的初衷一定会决定做事的结果，初衷要纯粹，比如你能帮助什么样的人解决什么样的问题。

小坤刚从大厂出来的时候，整个人非常浮躁，因为他的工作履历决定了过去他看到的都是上亿的大生意，他一张嘴都是自己和××老板很熟，很懂××公司的模式。

但是被问及：你为什么要创业？

小坤只说：为了赚钱。

赚钱是最不好的一种创业初衷。赚钱只是一种创业价值的结果，而不是目的。如果你以赚钱为目的，很容易进入功利化的草莽模式中，什么赚钱就做什么，于是成了投机者，不注重质量，杀入市场胡乱收割，结果越做越疲惫。很多草莽创业者，只能做生意而不能做事业的核心就在于,他们并没有远大的理想,没有想过帮助什么样的人解决什么样的问题。

所以,人一定要在自己的初衷上下功夫,你的初衷越远大,你抵抗风险和周期性的能力就越强。

要做有品牌的事情。

比拼价格低、比拼劳动力密集型的商业模式,很难具备品牌效应,没有品牌效应的生意多数都会死于市场不良竞争。

所以那些做供应商、做乙方、给原来的大企业做服务商之类的商业模式,到最后都变成了比拼谁的价格低,没有打造品牌效应和模式创新,发展几年就会变成食之无味、弃之可惜的鸡肋。

模式不好,后面坚持再久都是在浪费时间。

不要为了赚钱就去做体力活,等体力消耗尽了,就没有心力去做有意义的事情了。

对于小坤而言,他从大厂出来的第一个想法就是做供应商,但是自己也深知这类公司没有办法融资,他又没有启动资金,无法做成像自己理想中的那么大,于是整个人陷入低谷之中。

做一件有品牌意义的事情,能够因为做这件事沉淀下来好的模式、好的社交关系、好的口碑,其实创业最先做的真的不是赚钱,而是调研适合你的模式。模式调研清楚之后,也不是赶紧开干,而是要找到志同道合的人，人不到事不做。模式和人都找到了，再开始搞钱。

不要想着给谁当副手——抱"大腿"，要做就做自己说了算的事。

小坤自己创业一段时间后，感受到了创业的艰难，自己要亲自做很多事情，搞得自己精疲力竭。原本他想要走捷径，直接给大老板做副手，争取联合创始人的身份，那样的话也算是没有白干一场。最起码在身份上就从大厂螺丝钉升级为企业高管。

不要想着抱"大腿"，当副手，依赖于他人。你的贵人多数都是你的同事或者你的同龄人，那些比你强很多的人是不会看上你的，更别提异想天开给人当高管和合伙人。

小坤聊了好几个老板，他们不是嫌他太功利，不安好心，就是嫌他没有当高管的经验，野心太大而能力不足。有几个对他有意向的，都提出了非常苛刻的要求。他发现抱"大腿"并没有那么容易。

创业要做就做自己说了算的事，不要想着去给谁当副手，这样更能有效锻炼自己的决策能力、抗压能力。一旦这种应变能力被培养起来，那么你就可以做成任何你想做的事情。

考验下自己做一件事是否能坚持 10 年，坚持不到 10 年就不要创业。

草莽之人是干不过文化人的，在精神信念上就差了很多，他们遇到问题很容易没有耐力。一个人有耐力做一件事非常重要，围绕一个核心的方向，不断深耕才能有量变引发质变的一天。

小坤，并没有做一件事坚持 10 年的信念。因此很容易打退堂鼓，一件事情做不成功就想着换个方式。

如果你没有坚持做 10 年的信念，就不要创业，不如把大把的时间用在如何正确提升职业技能、找到更好的工作上。

大厂是人生中一段很好的经历，有眼界、有资源、有人脉。但是你的优势也是你的陷阱，如果不务实，不能聚焦在一件有意义的小事上持续耕耘下去，你会发现创业的环境根本不适合你。

在任何行业，你都比拼不过真正热爱它的人，先有热爱，有远大的理想，才有耐力，才有可持续的创业之路。

决策思维：
选项足够具体，才能做出精准选择

大部分人的职业问题都来源于
对未知的恐惧。

我每年在全国签售的时候都会听到同样的问题：去大城市，还是小城市？去找喜欢但是不赚钱的工作，还是找不喜欢但是赚钱的工作？去考研，还是就业？去留学，还是读国内的研究生？

这类问题，我们都可以归为：因为选项不够具体而产生的迷茫和未知。

我的学员小然，法律硕士，新疆乌鲁木齐人，家里有律所，父亲是律师，毕业回到老家很安稳，家里可以给安排进自己家的律所或者当地最有名的律所。但是他不想在年轻的时候就过一眼望到尽头的生活。他想要出国留学，但又恐惧自己出国留学会错过国内就业的黄金时期，应该如何应对未知的恐惧？

关于未知的恐惧问题，我推荐大家去读我的第一本书《你怎样过一天，就怎样过一生》，里面有非常多这类应对未知的思维，可以有效地解决问题。

解决这类问题的核心逻辑是：把不确定的东西变成确定的，因此，要把你非常迷茫的问题变成一个具体的问题。

这个时候，我们要说到的就是 AB 决策法。

当 A 和 B 充分具体的时候，人很容易做出选择。

比如，你喜欢吃苹果，还是梨？

当 A 和 B 不够具体的时候，人就会产生迷茫。

比如，你喜欢吃苹果，还是 B？

大部分人感到迷茫的职业问题都是这个逻辑，因为你的选项并不充分具体，因此你会更倾向于不知道怎么选，或者选择你更熟悉的那个。

这也是为什么很多学生毕业总是想要考研的原因，因为他们不了解社会上的行业和职业，也不做调研和分析，所以他们的选项不够具体的时候，考研就会成为那个苹果，而就业就会成为那个 B，因此，他们总是倾向于去选择自己更熟悉的那个。而熟悉的那个未必是能解决问题的那个。

所以，你要有好的工作，做好的职业决策，必须要学会搜集信息，把让你迷茫的 AB 选项变得充分具体。

以小然为案例，他可以先花一个月的时间（不要着急，不要试图几天或者几个星期）去调研一下如果要出国留学，要去什么国家、什么学校，读什么专业，费用大概是多少，毕业后的就业大体上是什么情况。

然后，他可以花一个月的时间，去调研一下如果在国内工作，要去什么行业、什么领域、什么类型的公司，去什么岗位，收入和发展大概是什么样。

这时候，一个要回老家还是要出国读研的问题，就变成：要回到乌鲁木齐，进当地最有名的××律所，做一名民事诉讼律师，每月底薪 8000+ 提成，还是要去美国华盛顿大学，攻读法律专业，每年学费 10 万元，实习可以解决 8000 元生活费，每年奖学金 5 万元？

当你把你迷茫的事情变成具体的选项后，就很容易根据现在的条件或者你的发展目标做出判断。

人年轻的时候喜欢对外界抱有幻想，不敢去戳破幻想，喜欢对没有发生的模糊的事情心怀恐惧，在焦虑中浪费时间。

实际上，解决问题的底层逻辑非常简单直接，就是大胆了解事情的真相，戳破幻想，把那些模糊的、虚无缥缈的东西，利用信息搜集的方式变成一个很具体的问题，对比赤裸裸的现实，很多决策都会变得精准且有力。

当你有了充分、具体的选项，并且做出了选择的时候，剩下的就是勇气。

你要记住，今天永远是你最年轻的一天，是你选择成本最小的一天，你应该在你最年轻的时候去开阔你的眼界，做你最想做的事情，这样你才不会后悔。尝试不会后悔，吃亏不会后悔，后悔的都是在年纪最好、体能最好、最有成本的时候，没敢尝试的那批人。

改变思维：
所有改变的第一步一定是比原来更差

> 任何职业选择都只是一种形式，而不是社会身份和地位，做真正对自己好的选择一定不会错。

很多人都是在大企业工作久了，想要换工作却看不上发展快速的小企业。也有人说，自己创业做了老板，即便是面临失败，也看不上进入企业工作……

这些问题都属于：人要不要去比现在更差的企业上班？

这其实是一个关于自我改变的话题。

大部人认为，改变都是从原来一个很差的状态变成很好的状态。殊不知，所有改变的第一步一定是比原来更差的，在这个更差的位置上经历痛苦，洗掉你之前养成的不正确的思维，以此弹跳到更高的位置上，直到超过从前。

我的学员晓增，中南大学的研究生，毕业之后因为喜欢健身，所以从事了健身行业的创业。创业过程中发现线下健身真的很难，学员续费率低，口碑差。他非常痛苦，想要求职转型，但是又放不下自己之前做老板的身份，不知道如何选择。

如何放下心理包袱，做正向的职业改变呢？

找到不得不改变的理由。

对于那些过去身在大企业,或者像晓增这样自己当老板说了算的人,他们想要求职转型的时候,都有很大的心理包袱,首先要做的不应该是快速求职,而是要找一个不得不改变的理由。

对于晓增而言,他也可以继续做老板,只是既不赚钱,又自我折磨。那么发展下去,让他不得不改变的理由是继续下去他只会负债累累,最终巨大的债务压得他喘不过气来,人生再无翻身可能。

对于在很多大企业工作的职场人而言,你可以不转型,但是等待你的可能是 40 岁、50 岁的时候被裁员,而你不具备新行业的技能,到时候你会流离失所,只能去做一些非常辛苦、低阶的工作,想到那个时候,你会痛不欲生。

找到一个不得不改变的理由,才会有强大的动力推着你放下包袱,寻求新的改变。

意识到改变的第一步都是比原来更差的,这种痛苦至少会持续 6 个月。

不管你做什么选择,只要你是在改变,改变的第一步都是比原来差的,因为它打破了你原有的舒适区。人适应新环境、新规则的时间普遍在 6 个月。也就是说，当你融入一个和之前完全不同的环境的时候，前 6 个月痛苦异常都是非常正常的，熬过这 6 个月，你会更上一层楼。

对于晓增而言，转型是他必须要做的事情，寻求新的职业方向，进入企业打工，学习更多职业技能，远胜于精疲力竭的时候继续创业。

我对他的建议是，既然喜欢健身，可以在健身这个赛道里深耕一下，切换下公司类型找到适合自己的新职业。

比如，我建议他去做导师类、运营类工作，或者做课程教研这类属性的职业。

去做导师和课程教研，这也是符合他个人特质和需求的，他长得帅，有专业的内容，也做过很多年一线的教研工作。

晓增说，之前的健身教练普遍不够专业，健身行业也乱象丛生。

这种情况和之前的房地产行业很像，当这个行业蓬勃发展的时候，入职门槛是比较低的，但行业到了成熟的时候，入职门槛就会比较高，一线人员的履历都会进行精英化的严格筛选。

这个行业现在已经诞生了 KEEP 这样的超级大公司，这说明这个赛道在逐渐地成熟。它逐渐成熟的时候，上游的公司类型就会发生改变，人才筛选的严格度也适合中高学历人才。这样的公司都需要专业的健身课程，晓增如果发挥自己的优势做好课程，是有强大的发展空间的。

做运营,才知道明星教练、课程和受众是怎么链接起来的,更容易让他了解做这类公司的商业模式,为他之后的创业和发展还能积累经验和资源。

但是不管做哪一个职业,刚开始的 6 个月都是非常痛苦的,当你意识到无论如何都会痛苦的时候,你才能更大胆地做好心理准备,做出选择并接受选择。

利用自己的职业积累想要的技能,
跳去更高的位置。

改变自己的时候,人很容易有负面情绪,你要甄别一下自己的负能量到底从哪里来。有人的负能量来自过去做的事情,那么现在就要告一段落。

然后要思考,怎么样能让自己在这个过程中构建一个正面反馈。常见的方式就是设置一个量化指标。

你在新的工作中(比如课程教研)要积累什么经验,你可以设置一个量化目标,今年做 5 套课程就算成功。等完成了这个量,就是成功了。

这种量化指标的完成能让你更加有成就感,帮助你快速度过改变过程中的困难期。

晓增听取了我的建议,放弃了心力交瘁的创业,通过认真求职找到了一个知名健身公司做导师运营负责人的岗位,负责打造各式健身达人账号，辅助达人做课程。

在这份工作中，他最初也有很多不适应，但是因为之前有这个心理准备，在岗位中积极构建量化指标的正面反馈，前 1 年算是平安适应。

他一方面学到了专业的商业运营知识，一方面在经济上也有稳定的好转。因为这份工作中出色的表现，晓增后来被分配做了更高级的管理工作，薪资与日俱增。

当人想要改变自己的时候，无论你做怎样的选择，第一步都会比原来更差，当你能意识到这一点后，其实你做什么样的选择已经不重要了，重要的就是你怎么下定改变自己的决心，怎么安安分分把这份苦吃下，然后靠全新的技能和思维弹跳到更高级别的位置上，看到更高级别的风景。

第五章

和你分享我的人生七年

人际思维：
做人一定要聊天

> 做人一定要聊天，一定不要孤军奋战，一定要坚持行动且要有好的结果。
> ——24岁的七芊

24岁那一年是我在北京的第2年。两年间的变化，无论是格局、眼界、收入水平，还是做人做事的方法上，我都有很大的变化。

24岁生日的寄语是：做人一定要聊天。

回想起我的成长经历，我是很少和人聊天的。在别人的印象里，我可能是个很健谈的人，但是这可能只体现在文体活动的表演欲望上，或者为了避免尴尬而缓解气氛的一种亲切担当。

其实能和我真正达到灵魂深处的那种沉着冷静的交流的人，到我上大学时才出现，之后工作中倒是出现了不少。我所理解的聊天是，你能从聊天者的话语里收获到很触动自己的东西，这种聊天才是有意义的。

作为90后的一代，我和身边的人多数都是独生子女，父母事业心极强，所以从小找个说话的人就很不容易，更多的人都是在应试教育的时候低头选择做个好学生,这让与人聊天的技能越来越钝化。到最后,每个人似乎都能忍受孤独,不需要聊天了。

工作之后的一段时间,我总是低头猛干,也不怎么和业界精英聊天——关键那时候也不认识什么精英,团队意识也不是很强,吃了不少亏。

那时候,真是没有任何人给我任何建议。我每天都躲在房间里投简历、写文章,没事就得自己哭一哭,现在走过来回看那时候的自己,我笑了。那时候犯的很多错误,都是自己走过来之后才知道怎么解决,如果当时可以多和一些前辈交流,被指导后再去做,是不是会顺畅很多?

来北京之前,我生活的环境太清闲,也太闭塞,有太多新鲜的玩意儿都不会用,我也是在进了新浪之后才玩起了微博,才认识了很多新媒体的营销大师,才对市场类工作萌生了浓厚的兴趣。

就拿脉脉来说,如果你有一个脉脉账号,你其实可以很清晰地定位出那个行业里的人,你就积极和他们聊天,总会聊到你想知道的东西,让你少走很多弯路,如果你提的点子正,还会有人来帮你引荐。诸如此类的工具和信息太多,只恨我那时候见识太少。后来进了新浪之后,借助微博平台,我认识了很多名人,没事就会和他们聊天。

我爱上了与人聊天,因为总是能获得很多东西。但很多时候聊天也是有风险的,比如人家会不会在第一时间信任你。面对这些,最主要是态度真诚,真为对方办事,平等对话。

当然，我也觉得吃饭聊天是很好的方式，每次和人吃饭聊天我都会收获不少的启发。所以，那句玩笑话真的不算错：世界上没有一顿烧烤解决不了的问题，如果有，那就两顿。

饭，这种东西，确实很神奇，在没有吃饭前，你们可能只是相互认识的人，但是想要认识到一定程度是一定要吃饭的，吃完饭，仿佛关系就确定了，日后就算朋友了似的。

和什么样的人聊天，你仔细思索，其实都能收获很多东西。比如，我和做 HR 的同学吃饭，我就知道，哦，原来公积金是可以取出来的，医疗保险是可以取出来的。和业界大牛一起吃饭，就知道了，哦，如何做营销，如何打公关战，如何取胜。

但是你也不用和什么样的人都吃饭，先聊着，聊到投机，聊到很受触动的时候，再做出要不要吃饭详谈的决定，否则，就算你混迹各种饭局，又有什么用呢？聊天的目的就在于让你打开思维的格局，去坚持行动，不行动，没成绩，吃再多的饭、认识再多的人都没有用处。

我觉得所谓出击必胜的上帝视角，在很大程度上源于信息的搜集和提炼。

第一时间掌握最有用的信息就相当于掌控了先机。所以，拓展信息渠道是很必要的，这就需要你敢于与人聊天，敢于通过各种渠道来搜集信息，这里包括很多先进的技术方法，很多为人处世的手段技巧，以及很多前瞻性的眼光格局。

一个人掌握的技能越多，思维越开阔，他的钱就越多。一个可以持续输出价值的人，钱不过是这个价值的附属品，他根本不用担心有没有钱。

所以说，这就是差距，如果你不接触这些优秀的人，你永远觉得不学习现在这样就可以了。聊天的目的在于打开格局，意识到自己的不足，发现自己未来的发展方向，弥补自身技能的缺失，这才是重点。你总需要做点别人不能代替你的事出来。你总需要知道一些别人不知道的事，才有赢在前面的可能。

这是一个自媒体的时代，很多人拥有自己的自媒体，起初我也不以为然，后来发现，好多人都月薪 10 万甚至更多。

我最近在读一本书叫《格局逆袭》，讲得真的很好，大致上就是讲人思维的变换、格局的开阔。有很多人他们庸庸碌碌、毫无结果，有很多人他们自视清高、却贫穷至极，总之，人身上总是有与自身期望不相符合的地方，这就是格局和眼光的问题。

当然，最主要是行动力的问题，你知道很多东西，然后呢，你不去做，那么还是什么都没有。常与人聊天的好处就是刺激你去做，如果你不去做，和再多人聊天也没有用，只是浪费时间罢了。

多和别人聊聊天，当然要和那些情绪稳定的、真的做出了业绩的人去聊天。不要和那些自傲自大，张嘴就是社会黑暗面的人聊天。

我其实很庆幸自己当时进了个非常不错的平台，才能在毕业第一年就认识这么多的人，受到这么多人的指点。当然，我当时也是有意地去结识一些和读书领域并不相关的从事市场营销和国外有大作为的人们。

我最近看了日本视频博主宫崎壮玄的视频，他的中文说得非常好，而且会讲很多方言，外表和传统好学生的形象出入很大，但是他在很多方面又是非常优秀的。

后来我越看这个人的微博，越觉得这个人很努力，因为非常努力，所以故意要表现得毫不费力。他是一个学霸，努力在涉猎很广、应用性很强的领域深入实践，想要做出成绩。

看到这种人，感觉自己差得太多——在了解的领域上、在思维的开阔程度上、在努力的强度上，都不是一星半点的差距。学习一般，情商可以弥补；学习不好，踏实可以弥补。人生总是能找到一种弥补你弱势的东西，但是要增加自己的优势，非学习不可。

多和别人聊聊天，打破自己固执的思维，格局开阔之后再去坚持行动。

这个社会是很多元化的，我们在学校学的那些知识能应付其中的千分之一已经算是很难得的应用。

人们都说社会很复杂，我想在很大程度上复杂就是指多元化，你无法单一地去辨别对与错、好与坏，成功很需要天时地利人和。但我相信，坚持学习、坚持行动的人，最后都能站在自己理想的位置上。

24岁，不慌张，感激爱我的人，感激我自己。做人一定要聊天，一定不要孤军奋战，一定要坚持行动且要有好的结果。

规划思维：
未经规划的美好不会出现在人生中

> 实现任何事情都要有清晰的规划，否则你
> 不会走上那个方向，更不会靠近那个结果。
> ——25 岁的七芊

我每年生日都会写一篇文章给自己，算得上是全年之中最真诚的反思，最贴近自我的时刻。从持续几年的反思之中，我看见了自身的成长和变化，更加了解自己，也更加了解我所生活的时代和社会。

22 岁那年，我正值毕业，在艰难求职的过程中，写的寄语是："想成为什么样的人，就去能遇到他的地方。"旨在提醒自己在社会洪流之中一定要坚守住自身的目标，不能退让和妥协。这样的坚守，让我在拿到 23 个 Offer 之后，选择去最想从事的行业和方向，走上了最正确的第一步。

23 岁那年，因为在新浪微博工作的关系，我确实接触到了大量的名人和精英人士，进入了非常想进入的圈子。社会工作以及周围纷繁的价值观对于自己思维的碰撞和洗刷，让我有了对于社会和

行业新的判断。我感悟出的寄语是:"做人一定要聊天。"旨在提醒自己改变孤军奋战的思维,获取更多的帮助和价值观。正是在这样的信念下,我坚持每周做两个人物访谈,结交了不少朋友,获得了贵人的帮助,跳槽到了有更好发展的行业、企业。

在一位朋友的影响下,我坚持每天写一篇文章,都是关于职业和自身发展的文章和故事,大多是我个人的困惑和解决办法,还有各色态度人物的访谈。

从最开始没得可写,到编辑来鼓励我,然后大家看我写了这么久的时间也并无起色而疏远我,再到后来有人找我签了第一本书;工作中,我升职为经理带领团队,再到遇到贵人拉投资做自己的节目。这些过程都是悄然发生的。

专心致志实现自己想要实现的目标,过程中很多问题都可以顺势解决,无须受到任何人的干扰。

无论是工作还是生活中,都只能和真正意义上自己欣赏也欣赏自己的人共进退。

而在你没有遇到理想中的队友之前,你需要一段非常踏实的提升期,来助力自己尽早做成自己想做成的事,尽早遇到这些真正意义上的"队友"。

24岁这一年,我觉得自己需要这样一段沉默的蛰伏期,成长在一个不被关注的内化过程里,持续行动,观察自己,由此发现了前24年没有发现的不足,也感受到持续行动之下能力的提升和自身的变化。这个过程所积累的能量和做事情的好结果,让我更有自信，自己将不会沉默更久。

不久前写的文章《年轻人要大胆展示自己》《你是什么样的人你就进什么样的公司》在很多网站上被疯狂转发。我也相继去了中华英才网、领英中国，还有一些大学的平台上做了很多场演讲。把很多之前的经历和体会分享给更多需要帮助的人，读者们反响很强烈，让我觉得这一段时间的积累学习和反思很有价值。

我的第一本书《你怎样过一天，就怎样过一生》系统讲述了我从大学生活到毕业工作这一完整过程的所见所闻、所思所想。

是的，就是这些在持续行动中积累起的结果让我看到了另一个世界，感受到了自身细微的蜕变。

24 岁这一年依旧非常颠簸，经历了很多故事，所以有了 25 岁新的寄语：相信规划，不再相信侥幸……

以下是我写下这样寄语的原因：

持续行动，
人才能完整地觉察自身存在的问题。

我从小生活的环境就是大学教职员工的家属圈，我周围的伙伴的父母大多数有很好的职称或其他光环。但即便如此，他们的父母在生活里依旧有自身难以突破的局限。父母解决不了的问题，会原封不动地把这种思维模式遗传给他们的孩子。这些伙伴们后来大多数和父母一样进入大学或是其他事业单位工作。

和我关系比较要好的男孩现如今有好车，有所谓的好工作。每次回老家，我们讨论最多的就是，即便他知道现在的生活状态很懒散，自身感到非常痛苦，道理他都懂，但就是改变不了。他变得非常悲观且自闭。

是的，我人生的前 20 年和他们都在雷同的环境里长大，看不到问题的所在，抱着迷茫和痛苦，却不知道从何做起，向谁求助。这种感觉在我毕业的前后两年尤为严重。

一切的转机都发生在我持续写作之后，每天写 1 篇文章，每周和 3 个人详谈，这样的习惯我坚持了将近一年多的时间。在这个过程里，我不断地观察自己，如果你有一项可以坚持几年，每天都坚持的行为，你完全可以在这项坚持里看见完整的自己，发现问题所在，并且准确找出解决办法。比如，通过持续写作，我发现自己做事有结果的周期差不多是 3 个月。那我就会分析为什么会耗时 3 个月，我怎样可以缩短这个周期。再比如，我发现某个阶段文章传播很差，我总结出这一个阶段的原因是自己的文章中出现了大量主观且偏激的情绪，那我会分析这种情绪的产生，以及如何化解和避免。诸如此类的分析和解决只能在一项长期的坚持中完成。

时间用在哪里就在哪里产生结果，只有持续行动才能纵观全局，看到因果。因为看到因果，才不会被恶情绪、懒散的态度、玻璃心，或是其他人的干扰打乱节奏。

而后来与那些现在还在懒散生活的伙伴几次接触下来，我发现他们中大多数人的痛苦都来源于体会痛苦本身，却从来没有持续地用行动来发现问题、解决问题。

他们总是认为持续的行动是没有意义的,所以至今仍停留在原地闭目塞听。人生有很多时间是不可节省的,你不去解决的问题,它永远都是你的问题。

所以,怎样解决现在自己的问题?培养一项可以坚持 3 年的爱好就足以。

那些未经规划的美好不会轻易出现在我们的生活中。

24 岁时接触了很多优秀的人,从他们身上,我看到了自己很多的遗憾和缺陷。其中最重要的遗憾莫过于认知水平的差距。

当我还是学生的时候,可能还在为 7000 元的稿费沾沾自喜,有的人已经赚了十几万元;当我还在为几万元的工资觉得自己还算小有成绩的时候,有的人已经月入几十万。正因为可以接触到这样的人,所以才发现了自身认知水平的差异、目标的差距,知识对于任何一个阶段都是极其重要的。因为有这样的格局和视野,有这样的思维模式和行为模式,才会有那种目标,而人的目标与实现目标的程度决定了这个人生活的高度和水平。

工作第 2 年的时候,我读过一篇文章《我靠什么和你拉开了差距》。作者小巴写自己如何研究买房,如何买了人生的第一套房。那时候,有的人买房了,我却没有买,是因为我没有钱吗?

是因为我没有这个规划，所以这件升值的好事就没有发生在我的身上。

那些未经规划的美好不会轻易出现在我们的生活中。没有规划的人生就是真正意义上的随波逐流。最可怕的并不是比你优秀的人比你努力，而是你根本没有想过还有那样的生活，所以没有那样的努力和积累。

《陈克的创世纪》这本书里写有一句我记忆很深刻的话：有实现步骤的梦想才是真正的梦想，没有的只能算空想。走入社会之后发现，实现任何事情都有要有清晰的规划，否则你不会走上那个方向，不会有所积累，也不会靠近那个结果。

不孤军奋战，也不渴求同行。

我不混圈子的主要原因是我没有遇到理想中的圈子。但我相信如果坚持去做某些事，总会遇到那样的圈子，在那样的环境里也能得到更好的发展。也去过一些人的饭局，参加过一些聚会，但是感觉那些人并不是我想成为的人，甚至纵观他们的生活，也会发现他们身上共同的弊病。

最好的成长是不孤军奋战，坚信自己与众不同的同时也坚信众生平等。

专心做事，认真挑选朋友，环境对于一个人的重要性不可小觑。

专心致志实现自己想要的生活。

人生这条路之外并没有别人。

过去,我还不是一个看得很开的人,但是后来渐渐发现,在很多无所谓的比较之中,那些自卑或是其他坏情绪之中,会拖延自己实现目标的速度。很多时候,只要低头就去实现自己的目标,很多事都会迎刃而解。

25 岁,事无巨细地规划自己的人生,站在最正确的位置上,并且坚持做到顶峰。

财富思维：
有恒产者有恒心

> 从容，一定离不开两点：目标明确，收益明确。
> ——26 岁的七芊

26 岁的寄语我还是想了好久，终于抽出空开始认认真真地反思自己的 25 岁，展望自己未来的一年。于是我把 26 岁的寄语定为：有恒产者有恒心，但求从容过余生。

25 岁的时候，我进入了这个行业最顶尖的公司爱奇艺，升职加薪非常顺利，从事理想的市场工作，学习到真正系统专业的营销方法论。与此同时，我想选择冷静一段时间，看看自己究竟是个怎样的人，究竟想要什么。

我注册了一个小公司，赚了人生第一桶金。本来想做视频，可却没有想好具体的路数，最后迫于现金流，靠低调地拉朋友做公关项目，赚了几十万元。我从北京的三环医院旁边的轨交房搬到了更像样的公寓。

25 岁这年，我出版了自己的第一本书，被很多媒体采访，去了很多知名大学做演讲。我突然觉得在北京这个城市有了朋友，而且是可以进行灵魂认知层面交流的朋友。

我受邀到北京广播电台、中央人民广播电台做了自己的读书节目。受仁仁阅资助，我做了自己的第一个访谈类视频节目。我做了 120 位职业咨询者的付费咨询，倾听了他们的迷茫。

我开始渐渐参悟了很多我之前知道却不理解的道理，真正意义上第一次懂得了平等，也懂得了理解。

我见了一些牛人，莫名没有了等级的观念，在他们审视我的时候，我也能审视出他们的问题，我开始敢于大胆地否定对方不正确的想法和看法。

真正意义上懂了什么是合作，舍弃掉了置换资源、求人办事的想法，有了初步的商业头脑。我认识到自己的很多不足，感知到了自己的笨拙，学会了如何解决问题，如何与人交往，以及做事有结果的方法。

这不是一个很完美的 25 岁，更像是粉身碎骨想要从孔洞挣脱看见光明前的黑暗阶段。在这个阶段里，我更加了解自己，也更加了解我所生活的时代和社会。

如果说新的一岁有什么期望，那么就从如下几个故事讲起吧。

变化视角，看透别人，也看透自己。

可能因为我自己注册了公司的原因，视角变换，莫名就没有了在大公司的等级观念，我卸下了认知谁是高层、谁不是高层的负担和重担。卸下了某些无形的身份包袱，我接触的人整体都发生了改变。

比如在大公司里，如果我是经理，我没有办法真正意义上与总裁、副总进行深入交流。但是做了公司之后，必须要直接对接对方的高层，基于此，整个人的圈子和眼界都发生了变化，这点进步很大。没有身份包袱的束缚，我觉得自己得以舒展，可以说自己想说的话，可以表达自己的观点，可以尽情地表现自己的优势。

这层包袱卸下之后，我做了两件对我而言极大改变价值观的事情。

第一件是做个人品牌的公关业务，凭借这个我见到了很多非常优秀的人，倾听了让他们痛苦的问题。

我过去一直有一种束缚感，这种感觉在于不知道如何能够正确地表达我自己，朋友圈里没有人能看出我做过的项目，没有人能看出我工作的公司，也没有人知道我的资源和背后链接的价值。朋友凯瑟琳大王说："如果不和你见面，看你的朋友圈根本不知道原来你有这样的价值。"

当你表达你自己的时候，会被人误解，于是有的时候也就不想去表达，这种负面循环就会让你把自己藏得很深。我原来觉得只有自己有这个问题，但是这一年，我见到了各个领域的牛人，他们都有这样的问题。

我曾同一位行业顶尖的建模师聊天，他操手许多国际顶尖的影视项目，国内院线电影一半以上的高难度特效都出自他的公司。

就是这样一个人，我之前完全没有听说过，百度搜索不到他，网上没有任何关于他的报道和内容。他说的一句话让我记忆犹新："我想要的就是和我实力相匹配的名声。"

这样的人都在为自己不被大众认可、不受尊重而产生愤愤感。可见，得不到认可和尊重并不是只有渺小或者不够权威的人面临的问题，而是每一个极力想要证明自己的人都会遇到的问题。这也绝对不是大众针对性的恶意对待。

我见到很多这样的人，了解了很多他们的痛点和需求，因此，我可以轻易发现很多牛人的很多问题。哪怕他们真正意义上身居高位，哪怕他们财富的实力远超我几十倍。基于此，我明确了如何坚定自身的信念，如何去确立自信。

毕竟，过去你碰到一个很厉害的人，可能觉得他说什么都是对的，他装出一副精英的样子或者打击你几句，你都觉得他有道理。但实际上并不是这样，现在我能看到对方也有很严重的认知偏差和认知局限。就此学会判断对方什么言论是有效的，什么言论只是对方主观的判断，更能坚定自己的信念，不受他人干扰。

还记得，之前见了一位行业里很有名气的自媒体人，可能我不善表达，也可能外表不够自信，引得对方在刚一见面的时候对我一顿打击，满口都是：你现在多么多么平凡，想法多么多么不成熟……但是，我从她的言论里可以判断出她的问题，第一，她的业务不赚钱；第二，她的方法还停留在互联网时代之前。基于此，我也大胆地否定了对方的观点，而对方看到我的坚持反而动摇了，放下了姿态进行社交，掏心掏肺说了很多问题。

准确地辨别出这个人哪一点有用，哪一点没用，这点让我觉得自己确实成长了很多。当你能看到别人的问题时，也就能肯定自己，当你放下了等级差别的时候，态度也会变得平等。你能从对方身上学到尽可能多的有用的东西，真正地树立自信，毕竟以人为镜可以知得失。

我之前一直在做影视剧方面的市场公关工作，在这个过程里，我积累了很多公关知识和公关项目经验。但是在这一年，我真正了解了行业的底价、行业的成本以及一些更深刻的行业内部信息。了解这些的初衷很简单，在没有拿融资的情况下，如果想要获得利润，就要拿到最低的供应商价格。

在北京，你和一个同行业的人出来聊天，很可能聊了半天都是在寒暄，谁也不会告诉你底价是什么，谁也不会告诉你真正的行业内部的秘密。但是我通过不断的对比，不断的研究，了解了很多营销的行业成本和内部价格以及路数、渠道。

当你了解了方法之后，就能很快知道某一种现象是如何形成的，会发现其实很多高高在上的人、营造出光环的人是怎么被托起来的，预期的成本是多少。

如果在此之前，你有自卑感、差距感，那么在此之后，你会像了解了魔术背后的方法一样，突破了某种心理恐惧，更能放开大胆地去做自己想做的事情。了解行业的底牌，人也真正地自信起来，才发现只要具备条件，谁放在那个位置都是一样的，没有本质的差别。

人可以发自内心自信的方法：当我们放下了心理负担时，很多目标都变得简单起来，整个人都自信了起来。

第二件事是我接受了 120 位职业咨询者的付费咨询。听到了 120 个人关于自己职业的问题，这里面有很多中年人，他们让我看到了很多事情发展之后的结果。比如如果不认真地选择工作，如果消极度日，日后你会变成什么样的人，你的生活会是什么样子。

当然了，他们的问题也很容易解决，我可以给出非常清晰的解决方案，当人的信息量很大的时候，很多事情都可以看到它的起因、缓慢的形成过程以及到最后发展的结果。这种视角让我看到了一件事情的形成和发展，也知道如何在中途进行阻止。

通过和各式各样的读者打交道，我发现很多人都受限于自己的心境和物质条件，才不敢去做什么选择，才非常迷茫痛苦，并不是他们本来的水平就很低。我看到了他们每一个人真正的痛苦和挣扎、问题的症结所在，那个时候我才知道什么是悲悯，才知道很多人真的不容易。

世界上有千奇百怪的情况，有千奇百怪的人生，每个人都有问题，谁也不比谁更高级。平等，让人开阔。丧失平等的人，总是会陷入主观的焦虑和单方面的挣扎。

我之前遇到一位央视的编导，她很有品位，生活圈子也很高大上，她很看不起一些认知水平不达标的人。但是后来她发现高大上的圈子只能靠资源置换来赚钱，真正的赚钱却是要下沉到普通用户和民众之中。这时候她就会陷入挣扎，高大上的东西不赚钱，赚钱的东西又觉得太低级。

其实我很能理解她的想法，毕竟每一个优秀的人都认为自己是与众不同的，想要和优秀的圈子待在一起，去证明自己也是同样的人。但却忽视了其实这个世界上有很多活法，只有你喜欢与不喜欢、适合与不适合，却没有对与错。

25岁，我第一次知道自信是怎么树立起来的，也第一次知道平等的意义。所以我希望，余生哪怕社会是条条框框等级分明的，自己都能发自内心地做一个没有等级区分的人，做一个真正意义上自由自信的人。

形成一个优秀的环境，
在一个领域高度垂直地深耕下去。

在这一年，我学到了很多东西，其中最多的应该是和人之间的关系。

首先，我过去不是一个很懂团结协作的人，我觉得大多数工作是可以完全独立完成的，一个人就是一支队伍。但是自从做了公司之后，我开始意识到团结协作的重要性，没有那么多时间亲自去做很多执行层面的内容，必须要开始协作，必须要看到某一类人的优点，得以结合利用。

这让我对于其他人的态度有了完全不同的看法，我会刻意挖掘某一类人的某一种优点进行合作，会毫不在意地为对方拉更多的资源实现共赢。这点上变化很大，由独立到了团结。

其次，就是同人的关系上，今年进步很大。

能跳脱出自我，看到其他人如何看待自己的行为，以及自己的行为会带来哪些后果，猜出很多人的行为是出于什么目的。比如，我之前不是很懂如何准确表达自己的意思。在我见投资人和合作伙伴的时候，时常因为不正确的表达，被对方三两句就问住了。这件事给了我很大的打击，后来我仔细观察，思考问题的答案，终于总结出一套如何能让别人更加信任你的表达方式。学会了如何表达能让对方不觉得我目的性很强，如何表达能给对方留下好的印象。

基于此，我对生活、对社会有了更多的敬畏之心，从而更加自律。

这个节点上我已经如期摸索好了自己未来发展的路，希望余下5年都能在这个领域深耕下去，不放弃互联网文娱，不放弃公关方向，坚持做到顶峰。

余生都能从容不迫。

26岁，我最希望，余生从容，绝不紧张。

从20岁到25岁这5年，我过得非常紧张。这种紧张的核心在于我总是在想：我要什么？我怎么能得到？我需要做什么？经历了 25 岁的变换视角和生活，我知道了焦虑最后的结果也不过是延误效率。

这一年有很长一段时间，我在纠结自己的赚钱方式，已经不喜欢这样项目结算式的赚钱了，这样一对一很耗费精力，我更喜欢一劳永逸的赚钱方式，一次付出多次收割。

有一段时间我在惆怅现金流的问题，不是因为赚得不够多，而是不知道下个月、下下个月是否还有这样的收益。这件事确实挺折磨人的，如果纠结于这件事，整个人的精神状态就会变差。

一个人如果不从容，其他的人就会怀疑你的能力。举个例子，当我不化妆，满脸愁容地去见一个人，和我化好了妆，开心爽朗地见一个人，效果是完全不同的。后者可以获得机会，而前者只会得到厌恶。

我真正摆脱了焦虑是从宣传图书开始的，最初有很多方面的问题无法解决，我也抹不开面子去做，但是后续发现越是这样，越是让很多事情拖延。最后索性就放开去做，反倒没有之前的负担和焦虑。

我已经厌倦了焦虑和紧张所带来的窘迫感，或许因为厌倦，所以渐渐从容了起来。

不着急，不紧张，不焦虑。至于如何从容，一定离不开两点：目标明确，收益明确。

如果一个人长期都在做梦、没有收益的状态下，这样的人即便有理想也是无法从容的。他会十分焦虑，即便他吹嘘说自己赚了多少钱，或者虚晃地展示出自己有怎样的成绩，也是无法如愿的。

同样，一个人很能赚钱，但是不理财，没有财富的积累，收入不稳定，也没有办法真正地从容起来。真正的从容都是很现实的，因为能够掌控住自己和自己的发展方向，也能掌控好自己的物质收益，唯有如此，才能做到真正意义上的从容。

积累起资产更能让人从容不迫。我期待 26 岁的时候有恒产，通过下沉资产让自己的生活和事业更加有保障。除此之外，更是要有稳定的事业支撑自己稳定的学习，努力学习更多的商业知识，让自己赚到更多的钱。商业是很踏实的，希望在商业里自己也能更加踏实。

从容是我在新的一年最需要做的一件事。未来的路我想好了如何走，并且一点也不害怕。

笃定思维：
一旦选择，不再选择

> 去做很多事，不是去想很多事。
> ——27 岁的七芊

27 岁的寄语，我想了很久，最后决定是：一旦选择，不再选择。

回忆我 26 岁这一年，最痛苦的事情就是抉择。

王潇的书里写："女性的职业路线总会经历一个阶段，使命召唤，抗拒召唤，导师进门，接受命运。"如果按照这个阶段来讲的话，我不得不说，我的 26 岁就是在抗拒召唤之中度过的。

我 25 岁的时候对于 26 岁的期待，是希望自己更加从容，希望自己下沉资产，有充足的物质条件。26 岁的这一年，我的确变得更加从容了，至于下沉资产嘛，终于算是买房的人了。

故事就从我结束全国签售开始说起吧。

这一年的 4 月，我签售的最后一站是湖北大学，在此之前，我就已经非常惶恐和担忧自己未来的发展路线了。

我和很多朋友聊过天，问大家我到底是该回到企业继续做我的白领，还是应该去创业做自己的公司，又或者去加入一个创业团体。我不知道要如何去选择，当时的困扰都是很真实的，很恐惧的，很让我想逃避的。

这期间也遇到了好朋友邀请我加入他的公司，也遇到了很棒的朋友给了很多建议。但是即便如此，我依然不知所措。在众多的焦虑无从解决的情况之下，我的助理要毕业了，她主动提出要跟着我一起做公司。

我当时下定决心说：虽然没有十足的把握不会失败，但是我想趁这个年龄去试一下到底怎样才能做一个好的公司。于是我 4 月份注册了北京选择力科技有限公司，想要去做职场教育的视频。

我找到了腾讯的好朋友做我的合伙人，也吸引了一位阿里的好朋友作为我们的支持。因为阿里的这位朋友资历深厚，我见到了许多基金的合伙人，有机会去聊自己的想法。

这是我第一次接触融资，接触企业运作，接触竞品分析，很多事情对我来讲是很新鲜、也令人恐惧的。我之前和几个朋友在签售的过程中组成了一个小型的公关公司，做一些品牌项目，我们从来没有接触过融资、商业、投资人这些。

4 月份我从当时的小团队里退出，做选择力科技有限公司的时候，确实是一头雾水，好在腾讯的朋友给了我很多支持。

在这个过程之中，我们吃了很多亏，有的非常严重，极度打击了我的自尊心和自信心。比如说，一开始没有把大量的精力集中放在一款产品上,我们分散了精力去做了其他的事情,造成现金流断裂。比如说,我们都有大公司的职业病,把很多时间放在员工管理、标准化工作流程上,如打卡、写邮件等。

比如说,我们都有大公司的毛病就是布局,但是落到细小之处往往没有扎实的积累,结果造成了效率低下。比如说,当时的商业模式并不是很清晰,MVP没有跑通,有一点为了做公司而做公司的感觉。

还有,最开始我没有做好员工的心理建设,很多我从大企业挖过来的同事都是为了领工资而来,并不是为了一起做事情。

其实那个阶段,我很害怕别人否定自己得之不易的点子,我也第一次体会到心没有力气的感觉。当你处在那个知识不足以解决问题的时刻,当你有很多压力的时候,心就突然没有力气了。我确实没有办法去突破我的恐惧。

8月份的时候,公司因为现金流断裂,解雇了一批员工。在那个阶段,我对于很多事都没有办法打起精神,效率很低,很想逃避。那个阶段,我的依赖心理突然爆棚,想要依靠和依赖很多人,但是好在我知道这样不对,所以还是靠自己解决了问题。再后来,我又不断地学习,重组公司,见导师,继续前进……

这段经历让我看清了很多人、很多事,思维得到了非常大的改变。

事情是人做出来的，不是选出来的。

我过去认为选择很重要，看中自己的公司背景、同事的素质，包括自己的路线。但是 27 岁这年，我觉得选择只应该是 30 秒内做出的事情，更重要的是选择之后的 3 年、30 年，你到底做了什么？

人不会因为一个选择就变得好或不好，真正决定你好或不好的只是你为了这个选择做了什么。比如说，其实我回企业工作和自己做公司，这两个选择是一样的，只要深入做下去，都会做好。但是如果你选择了一个，却不断地在后悔，没有为这个选择去付出踏实的积累，永远浮在恐惧的表面，深入不下去，那么，最终浪费的是自己的时间。

我现在已经不会去纠结到底选择什么了。我会更注重自己做了些什么，因为我在做的事情是量变引发质变的过程，这件事就会把我带入一个可靠的方向，而不是先选择方向。

所以做公司也是这样，你是先做了一件事，这件事有市场，发展到一定的规模，才顺其自然地成为公司，而不是先注册一个公司，再去想自己到底要做什么。这个逻辑转变过来之后，人就会注重每一天实际的积累，每一天实际的努力，自然也不会飘飘然在一个大方向上犹豫不决。

很多人现在的成就不是基于他的选择，而是基于他做了什么。

我们无法预知命运的标准答案,所以没有办法提前知道什么选择是对的,更无法向正确答案靠拢。

所以很多抉择本质也不是抉择,而是创造。

客观世界是数学的,很多东西是计算出来的。

我听过万维钢的《精英日课》,很喜欢得到的这个专题,因为他讲了很多我之前根本不会去读的外国书籍,比如类似于物理学这样的科学书籍。

这部分知识对我的影响非常大,让我知道了自己之前的很多思维是不科学的。比如,课程里面提到了吸引力法则、正能量的 Bug,我听完之后大开眼界,发现自己的问题主要是因为无知。客观世界中,很多事情的因素是算出来的,而不是感受出来的。我忘了之前是谁给我讲的,一个成功的商人坐在一家店里,他可以算出客流量,算出这家店的利润。做事情也是这样。

比如,你想成为一个作家,你要满足几个因素:

① 有流量。

② 懂整个出版业务的流程。

③ 有合适的环境和圈子愿意推你。

④ 有稳定的产出。

满足这几个大因素后,还需要满足很多小因素。比如,你有产出，平台每推一次可以获得多少粉丝，你的品牌溢价可以达到多少，如何去稳定地增长你的粉丝。

当你把思维切换到数学思维的时候，就变得很踏实了，很多事会脚踏实地地搞，一个因素一个因素地去积累。当然急也急不来，情绪化也没有用。

我在和一些职场女性聊天的时候，经常会发现她们总是有"先……再……"这样的想法。比如，我的好朋友说她要先花十年的时间成为世界顶尖的教育专家，然后去国外演讲。她的过程就是先花十年的时间让自己有身份，然后去国外交流。其实，她现在也可以去国外演讲，只要能提供自己演讲的价值，找到合适的渠道推荐就可以了。

这个道理就类似于，我其实不需要有一个上亿的企业，才配进入某某大学去演讲。

我只需要能为这所大学的学生提供他们需要的服务，并且在这个方面我之前是成功做到了的，我就可以去这所大学演讲。

把一件事分解成几个数学的因素，找准服务，找准渠道，这个事情就足够完成了。不需要等很长时间，也不需要纠结于资格、配不配的问题，这只是一个数学因素的选项加法。

成年人的时间过得很快，梦想再也不会像我们读书时那样遥远和缓慢，也就两三年的时间你就足以实现自己的梦想。

做事的逻辑很重要，
盲目模仿却无法掌握本质的逻辑是一种浪费。

我过去吃亏在不懂逻辑，很多事情看不懂逻辑，就算再坚持也只是机械劳动而已。

比如说，我是最早一批做知识付费的，也是新媒体发展很好的时期进入这个圈子的，更是短视频元年的时候做企业的，但是我没有任何实际的增长。后来，我终于明白，做一件事要掌握做这件事的逻辑，也就是它在做什么，靠什么赚钱，靠什么维持增长。

如果这个思维模型无法构建的话，就算再勤奋，也只是跟着大家瞎乐呵而已。所以2018年我从原来的内容思维变成了逻辑思维，我会经常思考一件事的模型、逻辑、关键的节点、渠道，然后去优化。

今年我读了大量的方法论书籍：《流量池》《增长黑客》《用户思维》《上瘾》《爆款营销》……掌握了事情的逻辑之后，执行起来才能够不慌乱，才能摆脱不务正业、看不见增长、又被手头事情套牢的窘境。

让心有力气，
就要保证稳定的增长。

心有力气这点很重要，如果心没有力气了，被现实压垮了，那么很多事情就没有转机。人最无助的时候,没有人会来帮你,一定是自己帮助自己的。

我过去是个很偏爱绝境的人,认为只有绝境能够让自己彻底抛弃恐惧,所以我辞职从来都是裸辞,做事说做就做。现在我发现,勇敢和鲁莽并不相同,追求稳定的增长比追求大起大落更让人养心。心有力气,就算不追求那种轰轰烈烈的活法,也可以顺利地实现目标。

稳定的增长 = 稳定的财务增长 + 稳定的模式增长。

比如,与其不管不顾地做一件其实没有回报的事情,不如在公司老老实实地保持工资增长,机会成本很大。做公司也是,与其把目光放在虚无缥缈的事情上,不如把收益口勒紧,保证收益的稳定增长。长时间在一件有收益的事情上投入,就算最初很累,但是时间的累加效果是不容小觑的。稳定的增长让我觉得人在从容的时候做事更能心无杂念,更容易实现一些事情。

如果每天都要为钱挂心,被压力折磨,很不利于发展的速度和身心健康。

一个环境里培养的人,思维都是一样的,想要改变思维就要改变环境。

我曾和腾讯的一位好友聊到职业问题,她88年的,长我3岁,但是她的问题和我当年一样。比如有一堆资源不知道如何去用,看不到事情发展的逻辑,所以不知道如何才能够突破。

那个时候,我开始明白:一个环境里培养的人,思维是一致的,所以问题也是一致的,不同环境的人如果无法做到相互理解,也是各有局限。

大公司确实培养了我很多思维和方法,我也确实因为大公司的培养有了一些思维的障碍。

比如,早年我全局逻辑差,就是因为我只能负责一小部分的工作,只能看到庞大的版图上的一点而已。那时虽然资源优厚,但那不是因为什么混圈子,而是因为我的工作,我的工作性质本身就决定了我可以遇见很多人,为这些人提供产品服务。

所以,一个环境会培养一个人的思维,一个环境能孵化一个人好的思维,也能孵化一个人局限的思维。不管什么样的人都是如此。多切换下环境,理解不同人的不同思维,最后选择适合自己的环境,把自己的思维优势最大化就可以了。

承认水平有限,在实践中学习。

我今年很少写文章,原定计划写 200 篇,今年中途就不写了,虽然还是持续更新,但是很多原创内容确实减少了。因为我发现写文章这个习惯很容易让我陷入自己的世界里。

我不想成为老师,不想成为一个总是顽固地去说自己是正确的人;我也不想靠"鸡汤"励志,明明不好,还天天激励自己会更好的人。

我承认自己水平有限,所以更希望去真实地经历生活,真实地遇见新的朋友、新的事情。在实践中学习,而不是书本中学。我要去做很多事,不是去想很多事。

27岁,不管是对于伴侣的选择,还是对于事业的选择,我都希望自己不要浪费时间在事情的前端,抓紧时间进入到事情的中端,踏实努力地做好积累。在一个方向上,坚持做到顶峰。

客观思维：
胜者先胜而后求战

> 如果当下的每一天都不开心，
> 那么目标实现了也没有太大意义。
> ——28 岁的七芊

一晃在北京五年了，转眼就迎来了自己 28 岁的生日。回顾这五年，先是在新浪微博、搜狐视频，然后在爱奇艺做到高级公关经理；创办了"选择力"职业教育品牌，有了自己的公司，了解了做公司的逻辑；出了两本书《你怎样过一天，就怎样过一生》《选准赛道再奔跑》，全国签售百场。

五年，我和北京相爱相杀，转眼就到了 28 岁。这五年，我偏执成瘾，铁骨铮铮。日本作家桦泽紫苑在他的书中写道：人 18 岁成年，28 岁脑成熟。

确实如此，28 岁之前，很多事情是你无论如何想不明白、也做不明白的。28 岁之后，你突然开始了解很多事情的逻辑，开始了解自己的极限，重新理解很多道理背后的哲学定义，重新看待自己的人生。

关于 28 岁的寄语，我想了很久，最终决定以我今年读过的《孙子兵法》中印象深刻的一句话来命名：胜者先胜而后求战。这句话的下一句是：败者先战而后求胜。意思是说：能够取得胜利的人，往往都是先知道如何胜利，才去参与竞争；而失败的人往往是先开始竞争，过程中想着自己怎么成功，最终功败垂成。

27 岁这一年，我在很多方面都能与这句话产生强烈的共鸣。28 岁，我希望自己能够在方方面面都秉承这句话的精神，坚持在自己的赛道上持续积累，决不变换方向，再来一个 3 年、5 年，坚持做到顶峰。

事 业 篇

尊重专业，深耕专业，先了解赢的规则，掌握赢的资源，再去参与竞争。

我一直坚信想要做什么就要去这个领域最顶尖的公司学习，尊重专业，敬重前辈，深耕专业。从事互联网文娱品牌公关 4 年，不敢议论分毫，不敢以此自居，因为敬重专业，深知习得不够，仍需踏实钻研。每个领域都有每个领域的专业门槛，不能以外行人的角度私下认为某个行业很简单，某个行业不重要，妄自做人做事是失败的前提。

任何半路出家、跟风做事、不构建自己的理解的人，最终只有失败。身边有很多这样来回变化方向的人，最终都一事无成，因为他们没有在一个领域深耕，扎实下来。

想做成一件事，一定要让自己处在可以做成这件事的环境中，获得助力和反馈，否则再怎么努力都收效甚微。

做一件事，一定要让自己处在能够做成这件事的环境中，认识自己产业的上下游，了解行业最先进的操作方法，了解整体的规则趋势，努力产出，为用户创造价值，获得来自同行的助力、用户的反馈，修正方法。单枪匹马地努力，往往收效甚微，浪费时间。

没有团队等同于长线失败，同行的人永远比到达的地方更重要。

要选择和优秀的人组成团队，不要和低迷的人浪费时间，因为什么样的因出什么样的果。及时放弃不对的人，抓紧挖掘新的优秀的人是对自己负责。稳定的和高水平的团队，极为重要。事情的方向可以变化，每个人都不会做 10 年前在做的事情，但是稳定的团队是必需的，有跟着你做事的人，干什么都能打胜仗。

胜利只是很小的瞬间，
长线都是平庸的积累。

制定合适的目标，允许平庸、平凡地积累，质变需要时间。胜利只是很小的瞬间，漫长人生是平庸的积累，平庸的过程代表没有时间让你高谈阔论，没有时间让你光鲜亮丽，没有时间让你每时每刻都享受自我。你需要踏实地积累专业，制定合适的目标，允许平庸、平凡的漫长积累，允许自己做不好，允许自己付出了就是没有回报。因为这一切都是量变引发质变必须要付出的时间。

选准自己的赛道，
当面子的人不要按当里子的人的方式活。

选准自己的赛道，创立公司，你是面子就要美，就是要提升价值，争取机会。你是里子，就顾好管理，掌管好业务增长。职场也是，想要当面子的人就要按面子的活法，想要当里子的人就要按里子的活法，两者别互相看不起。稳定晋升、不肯出头的老上司的活法，不适合想要走上舞台的你，找准适合自己的赛道，找到合适的人匹配自己。

爱 情 篇

绝不吃感情的苦，秉承着这条原则恋爱，就已经胜利了。

我十几岁的时候给自己定了一条原则，绝不吃感情的苦。任何狗血的情节，比如父母问题、比如第三者问题，都要离得远远的。明确自己的原则，无论多喜欢对方，都不给有潜在问题的"用户"任何机会。筛选合适的人，按照这个原则恋爱，时至今日，只体验过爱情的好，没吃过爱情的苦。

了解自己的所爱所厌，不因任何诱惑改变原则。

我所有男友都是一个类型——温柔、专注、财务无忧、帅，在所在领域优秀，不大男子主义，会分享很多有趣的知识和信息。我厌恶大男子主义的死直，非常讨厌自以为是、炫耀智商的男性。明确自己的所爱所厌，不因任何外在条件而更改初衷，就是尊重自己的价值观，节约自己的青春。为了感情浪费时间、承受伤害是不值得的，因为工作已经足够刀光剑影了。

不轻易开始，也不轻易结束，开始和结束都要明确。我只谈过两个男友，一个 10 年，一个 8 年。没有表白的爱情不是爱情，是暧昧；没有告别的分手不是分手，是纠缠。善始善终是对感情负责，对自己负责。

专一是在节约自己的精力，呵护内心的幸福感。

人如果对于感情失去信心，余生无论多热闹，他内心都是孤独的。坚持专一是一种节约精力、呵护幸福的习惯。

好的爱情一定要让两个人都成为更好的人。

爱情不是永恒的，一生一世靠随缘。但是只要能够从对方身上获得好的思维习惯、好的助力、好的心情，两个人谁也不用忍受对方，谁也不用委屈自己，两个人都通过彼此变成了更好的人就足够了。

孵化信任和了解，才有延时满足的甜蜜爱情。

两个人即使一见钟情，也要经历漫长的爱情孵化。我的爱情孵化时间都很长，至少要一年。只有经历了解、信任的过程，最终走在一起时才不会有太多问题，就像是延时满足会得到双倍甚至更多倍的好一样。经不起恋爱孵化的人，也不是合适的人。

人 际 篇

朋友最好的两个阶段：初见欣赏时，长久了解后。

初见欣赏时，是因为想要更加深入地了解和结交。此时，往往是对方对你最好的时候。等到对方进步速度高于你或者你的进步速度高于对方时，两者都会耐心不足。长久了解后仍能欣赏、包容的便是真朋友。一个人一生不会有太多真朋友，他们不经常出现，平时也很冷淡，遇到大事时才会助你一臂之力。

好的工作创造更大的价值，才有更好的人际交往圈。

纯净朋友圈的前提是拥有好的工作或者创造更大的价值。所以想要拥有好的信息圈的核心要素是：要么尽全力创造更大的价值，要么选准风口浪尖的事业，占据好的位置。

诚信是一张底牌。

表面衣冠楚楚却在小事上失信的人，会让人觉得没有诚信。比如，忘记礼物，约见迟到，承诺没有兑现。他们自己觉得这些只是小事，但是别人却不觉得是小事。我宁可不承诺，也不失信于承诺。诚信失守的人，不仅得不到别人的尊重和信任，自己也会深陷愧疚之中。这一点我深有体会，再不轻易承诺，也不辜负他人。

少得罪人，你的成功源于大多数人都希望你成功。

不怕得罪人，但是尽量不要得罪人。要谦和恭敬，因为别人的喜欢和欣赏是自己的无形资产。

自 我 篇

真正的自信来源于知晓为何要自信。

真正的自信来源于知晓为何要自信，这需要很多阅历，通过观察很多人的反应，最终知道必须要状态好、要自信的理由是：如果不自信，前路会更加艰难；自信才会有更多的机会。面子如果挺不住，就连翻盘的机会都没有了。

钱是一种通用资源。

学会尽可能多地获取钱这种资源，以此为杠杆撬动更大的目标。赚钱很重要，我们都知道钱不好赚，钱难赚难在孵化信任。孵化信任需要很久，但是破坏信任却很快。想努力赚钱，既要努力提供价值，也要努力孵化信任，二者缺一不可。

如果当下的每一天都不开心，那么目标实现了也没有太大意义。

能让你成功的事情，只有你做起来开心的事情。我们要调节做一件事的感受，如果总是想着赶紧做完，就体会不到过程的快乐，也无法做到顶尖水平，所有付出也成了机械劳动。

接受自己刚开始做一件事做不好。

接受自己在很多事上即便付出努力，也有很多客观限制而实现不了，为这些平庸的付出买单是变得越来越好的前提，否则以后只会吃更多的苦。人吃的苦和很多事没有关系，只和自己的性格有关系。不愿意吃开始的苦，只会吃更多过程的苦、犹豫的苦。不管你做什么选择，都会吃一样多的苦，只不过吃苦的阶段不一样。既然如此，还不如做自己想做的事。

行动思维：
顺其自然，争其必然

> 一切皆为过程，我相信真正好的时间、
> 好的年华仍然在后头。
> ——29 岁的七芊

每个人的人生进程不一样，有些人的辉煌时刻就是二十几岁，有些人的辉煌时刻更晚，这和自己的能力、父母的能力和资源、所处的时代都有很大的关系。不一定凡事都要趁早，但要掌握好自己的进度，世界千变万化，精英层出不穷，然而对我而言，我最珍贵。

思前想后，29 岁的寄语是：顺其自然，争其必然。

在过去的 6 年，让我真正兴奋的事情，正如我在大连柏威年的签售会现场所说："我始终都在自己的路上，没有因为任何人的看法和偏见，脱离自己想走的方向。在很多关键的决策上，也从未走过退路，真正做到了果断而笃定。"

我的逻辑就是：做任何事情，要抛开外界对你的偏见和你对这件事的偏见，立足客观，先做成打样案例从而奠定信心，然后做深，最后做到极致。

我的阶段性成功可以总结为如下一些还不错的经验：

选择对的环境，想做成一件事，必须要在能够做成的环境里。

如果你想成为什么，必须要在这个行业顶尖的从业人员的圈子里，了解他们的鄙视链，了解他们最新的玩法，有足够的核心信息，才能做到精准努力。

我总结了失败的几次经验，发现共同点是没有融入核心的环境中掌握核心的信息，而是在外围幻想自嗨，低效勤奋，或者在模仿已经过时的方法论。

而阶段性的成功都是因为同合适的人合作，在实践中摸清了内部信息和底层逻辑。当你不在乎结果，不在乎别人怎么看你，不去膜拜那些复杂的方法论，只是专注在对底层逻辑的把握和此时此刻的行动上时，基本上都会有超出预期的结果。

所以真的要发力做一件事时，我的第一步就是融入做这件事的环境，和这个环境里价值观合拍且做得不错的人成为伙伴。你在一个什么样的环境里，就会逐步成为什么样的人。

**积极交流总结，交流是最重要的，
总结是为了不再犯相同的错误。**

交流这件事可以有效缓解很多问题，比如情绪问题、认知问题等其他关乎个人成长的问题。交流给我的最大好处就是，知道什么样的人是合适的，什么样的人是可以不用浪费时间的。

之前招人的时候，同一位"人才"一起吃饭，我在同对方交流的过程中能够明显感知到对方的情绪，我知道他内心觉得我没什么了不起。

长时间同他人交流，我会对一个人内心的真实情绪非常敏感，即便他觉得自己没有表现出来，但是他怎么看我，不需要他说出来我就会知道，就会感知到这种情绪。虽然我们表面都是客客气气，但我根本不会浪费时间深入交流。

交流能让你学到东西、掌握信息、感知人性。反过来，以交流对象为镜子，你也会发现如果你不真诚、不渴望、有邪念，一切的一切都会被人察觉，绝无可能如你所想伪装得完美无缺。因为交流，才有对人性的敬畏，才知道自身表里如一的重要性。

要有实现目标的阶段性规划，才能积累信心。

这世界上有层层复杂的鄙视链，想要积累属于自己的信心，最好的方式就是制定阶段性的目标，并实现它。工作上，3年、5年规划的实现为我奠定了许多未来事业发展的基础，积累了非常强大的自信心。

不久前，我同一位投资人好友一起聊天，她说自己二本毕业进入全球顶尖的基金公司，自己身边都是哈佛、耶鲁等一流学校毕业的人，自己内心深处非常自卑，觉得和其他人能力有差距。

她问我在面对权威或者比自己更优秀的人的时候，会不会有同样的感受。我的真实感受是：我很难自卑起来。

如果追溯到源头，这是因为我每段时间的目标都单一明确，实现了之后自己都有非常强的成就感。当我高度专注的时候，不会关心其他人，也不会受他们的光环影响；在与别人共同做一件事的时候，我也拥有强大的自信，坚信自己可以做到力所能及的极致。

拿学历来说，我本科毕业后就进入新浪微博工作了，找到方向后不想浪费时间去考研究生。说到学历自卑，我是完全没有的，因为在进大学的那一天，我的目标就是尝试所有想做的工作，4年实习10家知名公司，一篇文章领过7000元稿费，和同学做过所有我们感兴趣的社群。

多少年后再去回想，都觉得那种高密度的充实、高密度的尝试过程，是利用时间最好的方式，那就是那个水平的自己能够做到的极致。

不尽力才会自卑，做到极致时只有自信。比如拿做公司来讲，很多人会讨论你的模式、产品、市场，指责你的理念。但是只有你深入其中，你精准计算过投入产出比，计算过时间的高效率应用结果，带领一个团队尽力了，最终结果就是你这个阶段水平能够做到的极致。当你知道自己的阶段，不会惧怕外界怎么评价，和同行业的人对比的时候不会自卑，还很自信，相信自己在理性提升之后可以做到更好。

不管是读书、工作，还是做公司，只要有单一阶段性的目标，拼尽全力、集中精力去实现。一旦实现了，自信心就会不断积累，从而形成正向的循环，这种内心的坚实很难被打击。

掌握财务的模型，要有财务的基础积累。

我不擅长理财，但热衷于赚钱。找工作的时候，我尝试抓住市场供需关系，找到从业人员高素质且高薪的工作；创业的时候，我尝试抓住市场需求，判断什么业务能赚钱。

我对赚钱的本质原则是：追求杠杆效应，尽量省力式多赚钱。

勤奋赚钱只能在早期，勤奋的目标就是在于摸清省力赚钱的方式。

我记得"选择力"的职业教育业务最开始是做企业服务这个板块，当时很多事需要一个一个客户去跑，很累很烦，于是我告诉自己再坚持 9 个月，如果 9 个月后还是这样的模式，说明这个模式是不对的，就放弃掉这个业务。6 个月后，我们开发出标准化的营销产品，通过标准化和绑定上游渠道，产能提升了 3 倍。

若是只能说一点在财富上的最大收获，那就是"现金流"是一切的根本。不管这个流是产品业务，还是资本，还是其他渠道的收入。只有这种现金流动，一切才能正常运转起来。

想要有现金流动，日常财富习惯和赚钱模式就变得很重要。好的财富习惯是不乱花钱，花对地方就是一种很好的习惯。

赚钱是一个很现实的事情，你产能多少、成本多少、效率多高，这些都是非常客观的现实，无法通过幻想去吹牛。所以真的赚到钱的人，我从心里觉得就是厉害。

在赚钱上，我还缺少一定的金融知识，最近在恶补中。在29岁之前，自己通过实践和学习积累了财务的基础知识，大胆去赚钱。虽然不能说赚得很多，也没实现财务自由，但是这些非常良好的积累为我在未来能做成很多事情提供了扎实的基础。

不恐惧赚钱，不觉得自己赚不到钱，不因为别人有钱，而盲目更改自己的人生志愿。

坚定选择合适的方向，不能总是变化方向。

过去，我会花一些时间去甄别选项，但是核心原则是"一旦选择，不再选择"。

2014—2017年我频繁跳槽，在做每一个决定之前都有大量的信息调研和分析，这样的跳槽和那些不知道自己要什么，一个环境适应不了就开始寻找新的环境的人是完全不同的。

工作上，我认定了要做互联网泛娱乐领域视频类平台公司的公关岗位，就决不会变化，所以我要进入这个赛道最顶尖的公司。创业也是一样，当我决定要做职场这个赛道，就会一直坚持做下去。没有钱，融资；融不到，用别人帮助的钱、自己做企业服务补贴的钱来做；一个模式做不下去，换一个模式来做。

一旦选择，不再选择。做成为止，一年不行，两年；两年不行，十年。

失败永远不会是结束一件事的终点，也不会是开启新阶段的起点，只有成功才是。任何事情要想把控它，就要以成功开头，以成功结尾，善始善终，这样才会有源源不断的好机会、高质量的伙伴，自己也会非常自信。

我相信人生中有破窗效应。演员演了一部烂戏，未来找他的都是同样风格的烂戏；一个人进入一家不怎么样的公司，未来找他的都是同样不怎么样的公司。做事的初衷决定做事的结果，以什么样的方式开头，很容易以什么样的方式结尾。

不要被把持不住的"烂机会"毁掉，这是一个人最需要掌握的关于"做成一件事"的基本技能。

深入了解套路，不跨越阶段发展。

不跨越阶段发展，是 27 岁以来我每天都会重复一遍告诉自己的话。不管是创业，还是过去几年在大企业工作，我面临的压力永远都是来自外界的质疑："你流量没做好""你模式做不大""你资历太浅"等。27 岁之前我很容易受到这些否定的干扰，直到我意识到人不可能跨越阶段发展。

要实现一个目标，最初你要先抛开偏见，先做成，打个样；然后做深，满足行业的一些鄙视链标准；最后做极致，创造规则。

不要跨越阶段发展。比如出第一本书，不要比拼渠道、出版社、资源、销量，有一个好公司愿意去做且做成就已经是胜利了。等你第一本书成功了，再去找好的平台、好的营销方法、好的渠道。然后再迭代好的团队、好的定位、好的方法，最终才有可能成为顶尖。

事情的进展都是一步一步的，但是很多人都在追求短平快，恨不得第一次尝试就是巨大成功。那样，往往开始就是高光时刻，未来没有任何发展。不要跨越阶段发展，不要做没有逻辑根基的努力，这也是自我保护的一种方法。

我多年以来被人质疑最多的就是"流量"问题。之前有个人问我："那时候你为什么不做抖音？"一脸错过红利的遗憾相。

为什么要做抖音？我在那时候的团队基础、业务重点都在核心品牌产品开发、与招聘网站等核心渠道合作推进高单价产品的转化以及做高质量的职场社群上，根本没有精力和团队去支撑抖音的模式。

或者说如果当时我选择了抖音流量的模式，一定不如我们现在的模式有更好的现金流。

我不认为这个决策是错误的。基于当时的情况和团队基础，这是非常正确的选择。人要找到自己和客观世界的节奏（什么时间段，什么基础，该做什么事情），不要被别人觉得好的目标干扰。

这是一个稳定的能够把自己想做的事情做成的思维模式。

只有你知道你在什么阶段、你应该做什么，只有把持住不跨越阶段发展的决心，才能真正意义上把一件事做到极致。高手从不和别人一起出发，从不强迫自己走不适合自己的路，高手都是殊途同归。

过去七年的我也有一些很明确的缺点：

互动不足，缺乏市场核心信息。

解决方案：每周见 4~5 个新鲜人物进行详谈，快速增进信任；业务上要了解更多客观世界的规则和鄙视链，有良好的数据；注意商业礼仪。

目标过高，会急功近利。

解决方案：心里没有数的事情做量化目标，只考核完成多少次；有谱的事情做结果目标，考核完成数据指标。

个人性格的原因，不擅长团队合作，无法团结团队。

解决方案：找价值观一致的人，持续低调地学习。在这一点上，我有了明显的进步，或许还有很多方方面面的缺点，但是我其实也不是很在意。

过去写生日寄语，总会写很多方方面面的期待，29 岁的我只写一条：那就是养成良好的习惯，顺其自然，争其必然。

顺其自然，就是在过去 7 年的基础上，顺其自然地发展。不管是事业基础、财务基础，还是个人思维逻辑、认知基础，有了根基，顺其自然发展，就不会差。

争其必然，就是在非常看好的赛道上，一定会努力做到顶尖，立足客观地看待数据。把理念产品的各项数据做到更符合行业的标准，更能获得大众的认可。养成良好的习惯对我而言，应该是最最重要的事情，不管是运动健身的习惯，还是社交习惯、饮食习惯，良好的习惯是一切效率的开始。希望自己因为重塑习惯，而被重塑为一个真正意义上彬彬有礼的成年人。

从 29 岁开始，人生变得轻松了很多。不会再如过去一般满怀期待，强迫执行，自我证明。整个人放松很多，因为该打的基础都打过了，该行动验证的执念都验证过了，接下来就是迎接源源不断的新事物、新生活，可以毫无顾忌地去融入新鲜的事物中。

我在很多采访里都说：其实不太喜欢二十几岁这个阶段，因为太辛苦了。我很期待三十几岁的自己——真的坦然，真的睿智，真的有魅力。不过我也很感谢这个阶段，能够按照我个人的意愿去发展，感谢父母的支持、身边人的支持，以及那些爱我的人的支持。

　　反思下来，自己是非常幸运的人，在很多关乎人生大事的决策上，未曾退缩，未曾不勇敢，未曾做过违心的选择，未曾因为执念去委曲求全。这对我而言已经足够了。

无我思维：
接受自己并不是这个世界的中心

这是一个普通人的七年。

2014—2017 年　前三年：

入职新浪微博、搜狐视频，在爱奇艺担任高级公关经理；出版第一本书，并全国签售。

2018—2019 年　第四年、第五年：

做自己的公司，靠企业服务和职业教育赚了 500 万元+；出版第 2 本书，并全国签售。

2020—2021 年　第六年、第七年：

成为脉脉首席影响官，上榜福布斯中国 30 Under 30 精英榜。

七年前，我独自一个人来到北京求职，住过 9 平方米没有空调的次卧，合租过 20 平方米的主卧，挤过早上 6 点半的地铁，见过晚上 12 点之后北京的车水马龙……

这七年，我面试过 100 家公司，找到过最满意的工作，进入过赛道顶尖的企业；写过书，做过近百场的签售会；创过业，经历过极致的焦虑和极致的骄傲……

不知不觉，我已经在北京过了八个生日了，想起我和某人约定的那句"七年为限，世事变迁，立碑为冢，草木繁茂"。我们用七年的时间来改变自己，来成为一个崭新的人，到底做到了吗？

从 23 岁开始，我每年都会给自己写一篇生日的寄语：
23 岁寄语：想成为什么样的人，就去能够遇到他的地方；
24 岁寄语：做人一定要聊天；
25 岁寄语：相信规划，不再相信侥幸；
26 岁寄语：有恒产者有恒心，但求从容过余生；
27 岁寄语：一旦选择，不再选择；
28 岁寄语：胜者先胜而后求战；
29 岁的生日寄语：顺其自然，争其必然。

自己有成为当年的郭小婉所期待的样子吗？

为了写这篇文章，我把这七年间所写的文章都看了一遍，思前想后要从何说起，最终决定，从这七年的改变说起吧。

从"要尊重"到"要成绩"：
从"我本位"到"无我本位"。

七年间，我最大的改变是"日渐无我"。刚来北京的时候，全世界都在告诉我"你是一个普通人，普通到没有人会在乎你的喜怒哀乐，没有人会在乎你的人生理想"，你的努力不值一提，你的天赋不被看见，你因为年轻而被大多数人不屑……

我无法接纳这个社会强制灌输给我的"你不重要",所以拒绝了很多导师觉得好、父母觉得好的选择,推掉了很多大厂的 Offer。

面试 100 家公司就是为了证明一件事:我很重要,我要找到最满意的工作。

强烈的"我"激发了强烈的情绪,激发了强烈的不屈服、不甘心,进而激发了强大的行动力。六个月的时间,住在 9 平方米的卧室,没有空调的夏天,每天只吃一个包子、一杯豆浆,余下的钱都用来坐地铁去面试,我遇到过无数的负面反馈、不合适,遇到过太多诱惑。

在这个过程里,我并不知道希望到底在何方,也不知道努力的意义,真正支持我的就是内心深处的不屈服,浪费时间也全部都认,坏结果也全部自己承担。越是恐惧就越是去做,越是痛苦就越是沉溺其中冷静分析,在冬天某个漆黑的清晨,我找到了最满意的工作。

人生没有能不能、配不配、行不行,只有你想还是不想。

二十几岁的努力,每一步突破都会在被关注的同时,也会被非议、误读、攻击……

面试百家企业找到满意工作,被刻意抹黑为找不到工作;三年要进入赛道最顶尖的公司,被曲解为没有长性、频繁跳槽;出第一本书全国签售了很多顶尖高校,被议论为普通院校毕业资格不够,被攻击年轻人不配聊职场;靠自己的能力买了北京第一套房,被攻击为炫耀、吹牛……

强烈的"我"熊熊燃烧，血管里流淌着汩汩热血，我愿意与全世界为敌，虽千万人，吾往矣。

我在什么都不懂的情况下放弃名企工作去做公司，什么都不懂的情况下去融资，什么都不懂的情况下出去谈业务。团队聚了又散，散了又聚，坚持做一件事，不赚钱也做三年，用赚钱的事养想做的事，直到它独立赚钱为止。

越是被议论不配说职场，我越是要去所有能够被看见的地方——和最顶尖的出版社以及企业合作，接触各种媒体、综艺。

阶段性目标的实现，让我对自己产生了绝对的自信，与此同时，强烈的自我又带来了强烈的主观，过度的野心和团队的低效能之间产生差距，我试图不解决必须要解决的矛盾，心里开始有了强烈的自我保护，最终陷入本我壁垒中。

来自核心梦想的执着变味成偏执，被人抓住了核心把柄，本该最亲近的合作伙伴发起的软刀屠戮耗尽了我最后的体力，最终，崩盘于2019年的冬天。

日本没有皑皑白雪，冬天分外清寒，从京都到大阪的列车上，我收到了医生的手术通知。

我最大的改变就是从这次生病之后，开始意识到人会老、会死，谁都争不过客观的规律。这之后，我开始变得柔和，开始"无我本位"，不再追求"我"，开始向客观事实和规律折服。

我相信规律比信念更重要，发自内心地决定不和全世界为敌。

承认那些做不到、做不好的事情，勇于从零开始，坦然于未完成。抽离出自我，你会发现客观让人理性，让人可以几乎毫无情绪地解决问题。

客观需要我做什么，我就要去做什么，没有什么你想不想，而是必须要去做。后来突然明白了一件很久之前一直纠结的事——为什么是你？我过去总是觉得：为什么世界都在攻击我？为什么是我？我用尽全力去向他们解释和证明，显得急切而窘迫。现在我知道，其实很多事本来就是谁做都可以的，也可以是别人。

区别只在于，谁真的坚持。这时候你才明白"为什么是我"，是因为我拥有他们没有的耐力和强大的心理素质，我坚持下去了而已。

自此，情绪更淡了，不自我保护了，做事的角度更客观了，开始强调"不做跨越阶段的发展"，面临那些蠢笨的攻击和说服也了无情绪，礼貌笑笑，不再如过去一样，不抽回去就不过瘾。

再有人问我问题的解决方案，我也不会只是说励志鸡汤，而会告诉他："不要把自己当人，把自己当数据，客观事实需要你做什么，你就做什么，仅此而已。"

我甚至会在文章里写："你要发自内心接受一个事实，接受你浓烈的感情被这个世界理解为寻常，接受你深深热爱的可能并不爱你，接受你并不是这个世界的中心；接受这些依然能够积极努力，是另一种变好。"

从有我，到无我。是我 7 年间最大的变化。

从"务虚"到"务实"：
从"全盘抓"到"聚焦一点"。

我是个做市场公关出身的人，很多人都还把这个岗位联想到 4A、广告公司、乙方。多年来我一直都不想解释给这些不了解这个职业的人听，其实从我毕业的那一年，上述这些都趋于落寞了。

我一直都在甲方的互联网大公司，我的岗位名称最初叫市场运营，从属于市场部的运营人员，主要做读书影视赛道的新媒体运营、活动策划、媒体资源对接。

后来我的岗位叫市场公关，主要做视频影视剧方向的热搜热点、活动策划、媒体传播。再后来我的岗位叫 PR，主要做互联网泛娱乐赛道的行业分析以及 2B 市场活动策划、媒体传播。

不同行业、不同领域、不同类型的公司，即便相同名称的岗位也是做完全不同的事情。综合来讲，甲方做的事情和乙方是完全不一样的，而且在当时的市场环境下，不管是核心资源还是项目，都牢牢掌握在甲方手里。

市场类的工作是我求职那个节点上热门且薪资高的岗位（现在未必）。职业会塑造你的第二性格，被市场类工作塑造后，人很容易呈现出"信息敏捷""资源丰富""人脉优厚"的特质。这类特质非常适合晋升，但是如果创业的话，会遇到如下几个瓶颈：

第一，只会花钱，不会赚钱。

我在创业初期面临的最大问题就是不会赚钱，但是非常擅长花钱，擅长搞势能，类似知名媒体采访、舆论造势、全国签售、地铁广告、热搜热点、知名综艺嘉宾……

这些宣传提升势能的操作，其实都是在不断消耗钱。本质上，那个时候的我并不知道怎么赚钱，多数时候都是势能上来了，合作自然来找你，被动赚钱。没有很好的商业产品作为承接，也造成势能的浪费和体力的消耗。

第二，不会定价，没有勇气定价。

市场类的工作多数是创意，服务非标准化，所以很难定价。创业初期的我根本不知道如何定价一款产品，不敢定高价格，就做了费力不讨好的事情，多数是做个老好人给别人做嫁衣。

比如，企业的服务产品，我经常是和客户磨好久定价问题，然后不欢而散。又如知识付费平台的合作，经常要求我们低价引流甚至免费引流，让我天天去免费讲课，白白消耗体力。

第三，产品不标准。

市场类的思维有比较多的非标准化的服务性质，所以经常会干脏活、累活，为了赚到钱还盲目承诺，这也造成这个行业内卷非常严重，本来比拼服务质量的产品最终都在比拼谁的价格更低。

不标准化的产品会带来体力持续投入、无效劳动、消耗精力的问题。

我投入了 3 年 5 个月的时间，在痛苦中反复沉浸，反复尝试，如今已经顺利解决以上这些瓶颈。突破瓶颈的解决方案如下：

第一，穷过才能会赚钱。

极致的贫穷才能有极致的渴望，穷尽体力、精力之后，才能从一个"好奇宝宝"的全面抓状态，调整成拥有杠杆思维的聚焦模式。

我曾经因为业务不聚焦，穷到"有钱打车出去，没钱打车回来"的地步，极致的贫穷才让人有赚钱的欲望，有了欲望和被迫赚钱的客观条件，才能从"玩票心态"到"聚焦心态"。高度专注于目标，和理想目标无关的事情绝对不做。

第二，和美团的副总裁学习定价：低中高定价策略。

美团销售副总裁夏飞侨老师在关键时刻教会我很多，其中最受用就是定价策略。他以汽车为例：市场中有低档汽车、中档汽车、豪华汽车，真正赚钱的只有中档汽车，这样的产品单价够高、量又很大。低档汽车只满足基本诉求，中档汽车只比它贵一点点，但是性能、面子却不是高出一点点，所以中档汽车你只需要加一点钱，就可以享受高级很多的服务。而豪华汽车买的人很少，只是为了告诉消费者那些是你买不起也没有必要买的。定价策略就是在逐步引导受众用户买中档汽车。

这套定价策略直接帮助选择力的企业服务业务赚到了第一个 800 万。

第三，制定可复制的标准化产品，挑选你的客户：赚钱 = 单价 × 市场 × 复购率。

和投资人反复打交道，让我意识到可复制、标准化的重要性。

如果一种模式是消耗体力，比拼谁单价低，那么这种模式最终只会劳而无功。

当市场都在玩低价引流时，你是干不过那些有融资的大公司的，跳出他们构建的势能场和玩法，必须要摸索出独属于你的模式。如何赚钱考验的是你的定价能力、服务效率、有效市场和客户复购率。

在这个思维上，我们率先逆市场翻盘，取消了消耗型的业务，不做任何低价引流，独创自己的价格体系、服务体系，放弃大多数不精准的客户，只做精准客户群体，努力追求客户体验和复购率。

做对于你而言最简单的事情。轻松赚钱才是正确的。

2020 年的 3 月，选择力职业教育业务一个月的流水达到之前一整年的水平。

第四，独创属于自己的方法论。

2017 年一位朋友对我说："如果你要创业，就要思考模式，要成为机器的组织者，不要成为这个机器的螺丝钉，最好的方式就是去模仿，假如你想要造一辆汽车，你先去模仿别人怎样造汽车。"

模仿是所有事情开始的第一步，但是接下来就是不断地被成功方法论洗脑。从长远来看，模仿是没有前途的，只有创新才有前途。

真正的机会都是在眼下即刻发生的，你需要更多地关注眼下的市场、时机、方式，用自己更轻松、更擅长的方式，研发属于自己的方法论。

出奇才能制胜，模仿只是在延缓灭亡。这些年我们研发了很多独属于我们的模式，比如在雇主品牌的产品中，我们用 SAAS 来做一站式营销，解决议价问题和效率结果问题。

在职业教育的产品中，我们用督学实战模式，解决学员学习效果不佳的问题；在内容流量的产品中，我们从直播成交、卖什么的角度出发做内容，解决内容直接变现的问题；我们打磨出"内容流量，职业教育，企业服务"三位一体的人才培养与输送的商业模式……

诸如此类，都是我们依据自己的优势在那个时间节点上创造出来的。

只有创新才有出路，如果一个方法连市井老人、普通基层员工都知道，那么这个方法是不会有任何出路的。

7 年间我的第二个大改变就是从"务虚"到"务实"，从"全盘抓"到"聚焦一点"，真切地从骨子里意识到：按照老规则在老市场里做老事是没有前途的。

从"分明"到"包容"：
从"明确对错"到"可以理解"。

我内在是个非常"分明"的人，有明确的对错概念，对人对己都有严格的要求。成长的过程中，我会因为一个人犯了不能原谅的错误而把他清理出自己的社交圈。

比如，当我发现朋友品行不端，类似不尊重女性、玩弄他人感情、不够努力，就会自动把他从我的社交圈排除掉，彻底拉黑，我曾因为拉黑而得罪了不少人。我也会因为被自己看中的人背叛而愤怒，决定永生永世不再相见……

深情之人最绝情，我早年的文章风格是"旧人勿见，旧事勿念"。你对世界抱着极大的偏见，世界也会对你抱以同样的态度。当我 30 岁的时候回首职场 7 年，发现那些痛苦背后都是因为我对这个世界曾经抱有深深的恨意和不甘，性格不仅决定命运，性格决定了一切。

真正改变我的是"创业"这件事。因为创业，我接触到了很多有职业问题的学员，了解了他们每个人的出身、经历和问题。

有一位学员叫小珊，她在求职实战训练营说了一句话，令我非常震撼，大概意思是：不是所有的人生下来都有好的教育环境、好的物质条件、好的思维方式，我无法在没有选择的时候得到这些，我是农村出身，很多人都不相信我可以做到，但是我已经很努力了。

你见到越多的人、越多的问题，就开始理解很多人的人生，你无法去责备那些和你不同的人的眼界和选择，你也无法去羡慕那些比你在更好的环境里成长起来的人。因为每个人所有的选择，都是那个环境里，他们能做的最好的选择。

那一刻，你愿意接纳每一个人的思想、经历和行为。很多和自己、和父母、和他人的矛盾都会得到纾解。因为你开始包容这个世界，包容很多种人生，站在对方的角度，你尝试去理解这个人，理解他的不得不和意难平。当你包容世界,世界才开始包容你。

这一年我最明显的改变是学会和解。

我有一位在英国留学非常要好的朋友,刚毕业的时候因为说话的风格问题我们闹掰了,我把她从微信好友中删除了,据说她哭了很久,给我拨了很多跨国电话,即便如此,当时我们仍然没有和好。

前一段时间,我有一位创业好友,年初因为创业情绪问题和我互删好友了。之后她加我好友,说来向我道歉,我说:"不用,我原谅你了。"你包容世界,处理问题的方式就会截然不同。

《年少有为》里面有一句歌词:假如我年少有为不自卑,懂得什么是珍贵。年轻的时候总是不知道什么是珍贵,站在30岁这个节点上,我发现:珍贵就是你对这个世界仍然有深深的爱和期待,而这,是需要你付出包容和理解才能得到的。

我发自内心不觉得任何人是傻瓜,我尊重每个人的每一个选择。

从"亲近"到"距离":从希望被尽可能多的人喜欢到只希望被喜欢的人喜欢。

过去我因为工作的关系,总是可以接触到很多名人和企业家。在和一些名人对接后,对方总是说:"我交给工作人员对接。"对此,我一度非常痛恨,因为我会觉得这个人不尊重我。

但是当到 30 岁的时候，我明白了这样的人在他成为名人的过程中一定是吃过很多"平易近人"的亏，为了节约精力和不造成谣传才有这样的交流模式。

我自己早年也是走"亲近派"风格，对于合作平台的工作人员、普通基层员工、中层管理者都是非常和蔼客气的。但是直到我发现，有些人是不识好歹的。

我记得一次对接中，有位平台的工作人员，起初是我直接和她对接，因为工作非常繁忙，所以说给她的表格迟迟没有给她，于是这个年轻员工竟然对我破口大骂，说我不讲诚信、爱吹牛之类的。我既没有骂她一句，也没有打她一下，我把这个人从微信好友中删除了，连带删除了所有和她有关的人。

我发现，执行人和决策者之间本质上是不能相互理解的，不要对基层员工太亲近，避免他们心生妄念，觉得你没什么了不起，或者更进一步造成谣传。自此，我决定 CEO 对话 CEO，总监对话总监，约束自己的履约，对他人要非常有礼貌和客气，而这份礼貌就是在拉开距离。

同样，我对读者也是如此，早些年我对读者非常亲近，然而吸引的都是一些试图 9.9 元买到 19900 元服务的想薅羊毛的人，越是对一个人平易近人，对方越是觉得你和他一个水平，没什么了不起。

于是，我开始用团队作业，雇用专业的法律团队，这样，我就根本接触不到一线的执行人，很多以我的名义去注册的微信，也都不是我本人在运营。

我接触到的只是每年付费4680元的案例学员，有了门槛之后，我才发现吸引的人都是自己喜欢的人。自此你会明白，人生真正的大自由，不是向一群蒙昧状态中的人解释你在做什么、你是个什么样的人、你有什么样的理念。而是尽可能让你所有接触的人都是你喜欢的人，你不需要去取悦所有人，只需要让你喜欢的人喜欢你，仅此而已。

从"亲近"到"距离"，从希望被尽可能多的人喜欢到只希望被喜欢的人喜欢，这个过程里我明白了一件事：当你年轻的时候遇到那些非常尊重你的人，真的不是因为你有多牛多闪耀，而是对方为了避免一些不必要的矛盾和谣传而礼貌地与你拉开距离，是他们比较牛。

反过来，在人生阶段中有很多长者愿意帮助你的核心是他们发现你真的是个由衷尊重和理解他们的人，没有心生妄念，没有逾矩。

不心生妄念，不逾矩，拉开距离，保持礼貌，是我7年来的一大改变。

从"不坦荡"到"坦荡"：
从"顾虑未来"到"活好现在"。

我在创业的前3年，都不想让人知道自己在做什么，因为很害怕现在大张旗鼓做的一切事情都会成为未来转型发展过程中的障碍。所以,人们只知道我是个职场作家,我有创作书籍,我有全国签售会。

他们不会知道更多,因为我不想让他们知道更多。在这3年多的时间里,我们其实尝试了非常多的产品,尝试了很多种渠道测试,打通了"内容流量—职业教育—企业服务"的商业链条。

很多人的认知里只知道流量才能赚钱,实际上很多事情都是不需要公开流量也很赚钱的,有意义的事情、方法都是很少的人才能掌握的,就是因为少而垂直,所以才有真正的红利期可言。

我曾经和一位好友说:"一家公司能够活3年6个月,一定有它的底层逻辑,一定有它的核心业务。"

我承认在那些秘密成长的日子里,我们不够坦荡,因为顾及未来的发展而无法大张旗鼓地做事。不方便拜访,不能给人看财报,不能让不信任的员工加入核心团队,甚至试用期的员工和全职员工都要分开办公。

我们不能解释更多,因为不确定今日在做的事情是否真的有结果,我们好不容易呵护住的生存火苗不可以让那些恶意的人用他们轻蔑的情绪干扰。他们随随便便说的"没有发展""市场很小",都可能在语言上造成一个团队的凝聚力灭亡。

直到我们逐步有了成绩,开始接触资本,甚至有资本主动找到我们。金沙江资本的联合创始人马云峰老师,彻底点醒了我对于"秘密生长"状态的执念。他说:"你一定要做一个数据非常透明的人,这样才能够撬动大部分客户的信任。"

他举了得到的案例，他说："得到早年在做公司的时候，脱不花确定了一套严格的课程制作流程体系，严格地制作课程，做出高品质的内容。"他们的数据没有一个是造假的，如果卖不出去就放在那里，宁可数据不好看，都不会做一个假数据出来，大胆地展现真实。"真实而透明是有力量的。真实的东西才能撬动更真实的成绩。"

互联网做了太多泡沫出来。人们迷信数据，不惜造假，为了融资，恶性竞争扰乱市场，我还记得在某公司工作的时候，宣传电视剧时邀请明星扫楼，用自己公司的直播软件，为了数据好看，工程师后台直接加了几十万的虚数。这些表面繁华终于造成了整个行业的崩盘。

马老师帮助我们公司梳理清楚了自己的核心业务，让我们聚焦在一条线上做到极致，聚焦真实，真实的东西才会创造价值。

我开始发生改变，由"顾虑未来"转为"活好现在"。过去，我很担心未来会怎样看待这段发展经历，但是从他这一席话开始，我扭转了思维，我认识到是我们现在在做的事情决定了未来。我大胆砍掉了为了生存不得不做的业务，聚焦在能创造未来的事情上。

就此，我开始意识到从 0 开始的重要性，坦然承认一些 0 的事情，在 0 的基础上，有 1 就是 1，有 10 就是 10。因为真实是有力量的，真实的东西才能撬动真实的成绩，让一切在正向循环中持续壮大。

任何虚假的东西本质上都是在浪费时间，人不怕失败，怕的是浪费时间，把时间浪费在错误的事情上就没有时间去做对的事情，只要确保一切行为都是真实的，你一定不会成为一个很差的人。

从"不坦荡"到"坦荡"，从"自我保护"到"破除自我"，从"顾虑未来"到"活好现在"。我突然想起之前看的日剧《轮到你了》中老教授说的一句话：人一生中追求的，无外乎是清清白白、堂堂正正。

是的，要清清白白，堂堂正正，这是我 7 年间的第五大改变。

从"强硬"到"坚韧"：
从"自我证明"到"无须自我证明"。

这几年我有个非常大的感受：越来越多的成功朋友愿意坐下来和我聊天，邀请我去参加他们的聚会，或介绍给我很多他们的好友或者千载难逢的合作机会。而这是我 27 岁之前未曾受到过的礼遇。

我在更年轻一些的时候，觉得世界很不友好，不管你要做任何事情，都需要费很大的努力，说很多话，做很多事，用很多时间才能换来一点点信任，而这一点点信任很可能因为你的一句话、一个疏忽的细节就被打破了。

年轻的时候做一件事真的很不容易,在这种不容易里,扛住对未知的恐惧,扛住世界的偏见,难免会成为一个强硬的人。强硬地去挑战不可能,强硬地面对负面的质疑,强硬地去做我想做的事,强硬背后,我有顽固而强大的自我证明欲望。

这些年,伴随着阶段性目标的实现,我身上这种自我证明感越来越弱化了,转而变成了真正享受挑战、享受做困难的事情。

曾经听一位学员讲,她很恨周围的人为什么都不相信她,都认为她做不到。我当时脱口而出:"这才是世界本来的样子吧,不被信任、不被看好、不被鼓励才是世界本来的样子。"

这一刻,感觉自己真的变了。从面对打击非常在意,顽固地想要自我证明的强硬的人,变成一个"别人看好或者不看好都无所谓,事情都要做下去"的坚韧的人。

从"强硬"到"坚韧",至少经历了如下几个历程:

① 实现了阶段性的目标,在这种目标的实现中感受到了极大的自信,积累下坚实的成功方法论和心理基础,这是没有经历过的人无法理解的坚实和笃定。

② 看透了人性,意识到没有相似环境孵化过的人是无法互相理解的,因此他们的干扰和评价也变得不再重要,对抗舆论只有长久地坚持。成功是客观的,而非主观的,那些口舌之快最终都比拼不过一砖一瓦持续行动搭建起来的坚实基础和基础之上必然发生的成功。

③ 发现了同类。发现可以吸引、领导、影响那些同类，信念和信仰拥有强大的感召力，而他们足够优秀，这些同类能真正意义上做到"星星之火，可以燎原"。大成功的本质就在于你可以影响和领导多少人相信一件事，并为之奋斗终生。

这三个过程我走了七年，人无法快进人生中任何阶段的历程，也无法跨越阶段的发展，正因如此，才明白坚韧的重要性。

如果你是个年轻人，不要为了彰显自己的理念主张，成为一个强势的人，强迫他人接受你的观点，攻击那些不接受的人。你大可以把自己变成一个坚韧的人，持续地用结果说话，持续地在客观事实的成功中打磨自己的信心，吸引更多的同类。

强势攻击不如温柔而坚韧，柔弱于水、攻之坚强者，天下莫之能胜。从自我证明到无须自我证明，是我这七年的第六大改变。

从"偏执"到"坚持"：
从"个体主义"到"团队意识"。

当一个人偏执的时候，容易被人抓住把柄，人们会抓住你的功利心和软肋，进而提出很多过分的要求，无异于饮鸩止渴。自身也会因为偏执而陷入完美主义、自大自负等不适合做事的状态中。

坚持则不一样，你看准了一件事，测算清楚这件事的几个维度，有把握但又没有那么有把握，激发了你想要看一看结果的欲望。

所谓的挑战者精神，不害怕失败，不顾及舆论，就是想要尝试去看一看这件事最终的结果，这时候多数都可以把一件事做到极致。

做事的初衷决定了做事的结果。现在，如果意识到自己在偏执的状态中，我会选择按兵不动，不做关键决策，持续获取信息、持续学习直到扭转为做事的状态为止。如果预判出做一件事会逐步陷入偏执，无论这件事多么有诱惑性，我都会选择不做。

从"偏执"到"坚持"的背后，其实是从"个体主义"到"团队意识"的强烈变化。

我早年的时候非常喜欢个人作业，希望自己一个人做所有事情，有任何人干预进来都会降低我的效率，为我添乱。为此，我对团队成员十分没有容忍度，经常因为一些很小的事情而大发雷霆。

创业过程中，我真正意识到个人体力、精力的极限以及团队作业的必要性。

团队是在保护一个伟大的思想、伟大的产品，团队是在构建一个不会被轻易破坏的机制。团队作业可以极大程度地提升效率，让你在生病的时候公司依然可以运转。当你从"个体主义"扭转到"团队意识"的时候，会更加包容，更多元化地接纳团队成员的问题并协助他们改变。

2021 年，我的管理风格变了很多，由事必躬亲变成"人不到，事不做"。不是所有的风口和红利都要追赶，不是所有的钱都要赚。我不断鼓励和扶持优秀的员工，给他们更大的自主权，鼓励创新和自我创造，让他们实现更大的价值。由只是想"实现自己"到"帮助他们实现自己"。

这时候，我才真正地从"偏执"的状态到了"坚持"的良好平衡，这是我七年间的第七个改变。

讲了我七年间最大的七个变化，忽然发现很难回答七年前郭小婉的问题：你有成为一个更好的人吗？我应该是成了一个更好的人，但却总觉得还不够，没有达到满足的状态，我想知道大满足的感受是什么。

当 30 岁的时候回看人生：我有三十而立吗？我觉得是有的。立在哪里？

我清清楚楚地知道自己要什么，我清清楚楚地知道自己是个怎样的人，我清清楚楚地知道自己的优势和弱点，我比任何人都更加了解自己。这比任何财富和荣誉都有价值。这让我在面对不良诱惑的时候敢于说"不"，在偏见面前敢于自持，在下流操作面前不同流合污，这让我清清白白、堂堂正正。

无人敢戏谑我的感情，无人敢不正视我的理想，无人敢非议我杀伐决断的勇气。

我可能并没有成为一个顶尖厉害的人,也没有成为一个实现了财务大自由的人,但是我很确定,这七年,我在认真活着。这至少证明了一件事:"只要你足够认真地活着,你就会超过那些比你聪明、比你条件更好但却不认真活着的人。"

北京科技大学签售会

网易新闻采访

北京文艺广播采访

大连柏威年签售会

西西弗书店签售会

《求职高手》第三季